金融创新助力实现共同富裕

杨涛 ◎ 主编

人民日报出版社
北京

图书在版编目（CIP）数据

金融创新：助力实现共同富裕 / 杨涛主编. — 北京：人民日报出版社，2022.8

ISBN 978-7-5115-7408-4

Ⅰ. ①金… Ⅱ. ①杨… Ⅲ. ①金融改革－关系－共同富裕－研究－中国 Ⅳ. ①F832.1 ②F124.7

中国版本图书馆CIP数据核字（2022）第122142号

书　　名：	金融创新：助力实现共同富裕 JINRONG CHUANGXIN: ZHULI SHIXIAN GONGTONG FUYU
主　　编：	杨　涛
出 版 人：	刘华新
责任编辑：	蒋菊平　李　安
出版发行：	人民日报出版社
社　　址：	北京金台西路2号
邮政编码：	100733
发行热线：	（010）65369509　65369527　65369846　65369512
邮购热线：	（010）65369530　65363527
编辑热线：	（010）65369528
网　　址：	www.peopledailypress.com
经　　销：	新华书店
印　　刷：	大厂回族自治县彩虹印刷有限公司
法律顾问：	北京科宇律师事务所　（010）83622312
开　　本：	710mm×1000mm　1/16
字　　数：	202千字
印　　张：	17
版　　次：	2022年9月第1版　2022年9月第1次印刷
书　　号：	ISBN 978-7-5115-7408-4
定　　价：	48.00元

前言

习近平总书记指出:"我们始终坚定人民立场,强调消除贫困、改善民生、实现共同富裕是社会主义的本质要求,是我们党坚持全心全意为人民服务根本宗旨的重要体现,是党和政府的重大责任。""十四五"规划和2035年远景目标纲要明确提出,"人的全面发展、全体人民共同富裕取得更为明显的实质性进展"。

我们看到,促进全体人民共同富裕是一项长期任务,并非简单地"分蛋糕",而是要在"做大蛋糕"的过程中不断优化分配机制。事实上,实现共同富裕归根结底离不开两个重点,一是保持经济持续增长,二是完善分配结构。

近年来,我国经济社会发展面临前所未有的机遇与挑战,既有需求收缩、供给冲击、预期转弱等多重内部压力,也有百年变局加速演进、国际环境更趋复杂严峻等外部冲击。有鉴于此,金融作为国家重要的核心竞争力,需要在新发展格局中发挥引领性作用;金融制度作为经济社会发展中重要的基础性制度,也需要不断弥补自身"短板",努力服务于经济社会结构优化与效率提升,致力于缓解各类"不平衡不充分"的矛盾。

事实上，已经上升到国家金融战略地位的普惠金融，与金融支持共同富裕密切相关，其不仅是推动金融供给侧结构性改革与实现金融"向善"的动力源，也是改善实体经济特定部门的金融资源配置不足，实现经济、金融、社会良性、可持续发展的抓手之一。尤其是伴随着新技术变化与经济金融数字化程度快速提升，数字普惠金融创新提出了一系列全新命题，需要作为一项系统性改革工程重新加以梳理。

回顾历史，我国在2015年底发布《推进普惠金融发展规划（2016—2020年）》，指出"普惠金融是指立足机会平等要求和商业可持续原则，以可负担的成本为有金融服务需求的社会各阶层和群体提供适当、有效的金融服务。小微企业、农民、城镇低收入人群、贫困人群和残疾人、老年人等特殊群体是当前我国普惠金融重点服务对象"。2016年我国央行推动各国协同发布《G20数字普惠金融高级原则》，又提出"数字普惠金融"，并将之界定为"泛指一切通过使用数字金融服务以促进普惠金融的行动"。

普惠金融的理念与相关金融发展概念也有一定交叉。例如，2017年央行就"负责任的金融"（Responsible Finance）展开深入探讨，在当时互联网金融整治的背景下，强调普惠金融必须依法合规开展业务，要警惕打着"普惠金融"旗号的违规和欺诈行为。同时，普惠金融与绿色金融、可持续发展等概念也存在许多共识，例如2022年首次G20财长与央行行长会议，突出强调了可持续金融对实现绿色、韧性、包容的全球经济复苏至关重要，指出各方将推进《G20可持续金融路线图》，发展转型金融以支持有序绿色转型，同时扩大可持续金融市场，便利发展中国家和中小企业获得绿色融资、降低绿色融资成本。

在共同富裕的战略目标下，普惠金融及相关理念进一步得到了拓展与提升。习近平总书记在2021年第20期《求是》杂志撰文指出，促进共同富裕的重大举措包括：提高发展的平衡性、协调性、包容性；着力扩大中等收入群体规模；促进基本公共服务均等化；加强对高收入的规范和调节；促进人民精神生活共同富裕；促进农民农村共同富裕。由此看出，金融支持共同富裕的重点不仅包括广义的普惠金融，而且可以进一步涵盖以金融措施来解决更多的结构性矛盾问题。

归根结底，金融支持共同富裕的主要路径包括，一方面，通过数字化与新技术发展，更好地发挥金融体系的资源配置功能，将"合适的金融产品与服务匹配给合适的客户"，从而实现金融资源的最优运用。也就是说，一国现代金融体系的核心要素，包括金融机构与组织、金融产品与服务、金融市场、金融基础设施等，都需要在金融供给侧结构性改革视角下寻找"短板"与不足，在推动数字化转型过程中更准确地定位服务需求、全面提升自身服务质量。另一方面，集中部分金融资源，通过实现精准触达、高效组织、大数据征信保障、智能风控等，以低成本、高效率的原则提供给特定的弱势个人和企业，使其获得应有、合理、适度的金融支持，更好地改善自身境遇和得到发展机会。当然，为了做好这两方面工作，还需要不断优化金融支持共同富裕的基础设施与"土壤"，持续完善监管与政策体系、明确金融科技伦理原则、探索新型金融文化与提升金融消费者素养。

无论如何，深入研究金融支持共同富裕在新形势下具有更加重要的历史意义，亟须从理论、政策、实践的不同视角系统梳理和剖析。为此，本书围绕金融支持共同富裕的理论内涵、金融促进共同富裕的路径与抓手、行业实践与共同富裕、共同富裕示范区的探索这几大主题，邀请来自监管部门、行业协会、科研机构、金融机构、技术企业的各方专家，从不同视角切入，试图全面梳理金融与共同富裕的内在关联与逻辑，希望能够给各界读者带来有价值的参考与启发。

目录 CONTENTS

前言 / 001

壹 金融支持共同富裕的理论内涵

金融发展与共同富裕：一个研究框架　　张晓晶　003

- 一、简要文献回顾 / 004
- 二、金融与收入不平等：微观视角 / 006
- 三、金融发展与收入分配：宏观视角 / 008
- 四、金融发展与共同富裕的"中国故事" / 019
- 五、结论与政策建议 / 029

在三大超越中准确把握共同富裕的理论基础、实践基础和规划纲领　　刘元春　034

- 一、逐步推进共同富裕 / 035
- 二、推进共同富裕的历史基础和实践基础 / 037
- 三、在实践中不断深化对共同富裕的认识 / 039

寻找金融助力共同富裕的合理路径　　李 扬　043

- 一、社会主义市场经济制度下实现共同富裕的理论和路径 / 043
- 二、实现共同富裕的抓手 / 045
- 三、"零工经济"长足发展 / 047
- 四、实现共同富裕，需要多策并举，协调推进 / 049

贰 金融促进共同富裕的路径与抓手

合理发挥央行职能，助推实现共同富裕　　王 信　055

- 一、维护物价稳定，促进充分就业，保持宏观经济平稳运行，为缩小贫富差距创造适宜货币金融环境 / 055
- 二、保持金融稳定，促进经济平稳增长，更好维护低收入群体利益 / 057
- 三、大力发展普惠金融，改善金融服务 / 058
- 四、推动金融市场发展，便利中小企业融资和增加居民财产性收入 / 059

目录

共同富裕与科技向善　　刘晓春　061

- 一、正确理解共同富裕 / 062
- 二、金融支持实现共同富裕要做好三方面工作 / 067

金融三方面助力实现共同富裕　　张明　076

- 一、发挥金融政策的再分配效应 / 077
- 二、推进金融工具创新 / 078
- 三、加强创新型金融体系的顶层设计 / 080

金融科技助力共同富裕的重点与对策分析　　杨涛　084

- 一、金融科技直接助力共同富裕重大举措落地 / 086
- 二、防范金融科技风险与加强消费者保护 / 089
- 三、优化数字化新型金融基础设施与生态建设 / 090

以文化金融促进精神生活共同富裕　　金巍　092

- 一、促进精神生活共同富裕是文化金融与共同富裕关系中的主要问题 / 093
- 二、文化金融促进精神生活共同富裕的基本机制 / 096
- 三、以文化金融促进精神生活共同富裕的基本内涵 / 099
- 四、文化金融促进精神生活共同富裕的几个重点领域 / 100

叁 行业实践助力共同富裕

以更高质量金融服务促进共同富裕
刘 峰 109

一、银行业坚守初心,齐力助推共同富裕 / 110
二、银行业服务共同富裕任重而道远 / 115
三、更加积极有为地促进共同富裕 / 117

普惠金融是实现共同富裕的有效手段
纪志宏 121

一、普惠金融是重要的时代命题 / 121
二、数字化是新发展阶段下普惠金融助力高质量发展的必由之路 / 123
三、普惠金融是一项长期系统工程,需要进一步夯实基础,高质量纵深推进 / 125

证券行业积极履行社会责任 促进提升发展的平衡性、协调性、包容性

安青松　128

- 一、履行社会责任是证券行业高质量发展的重要内容 / 129
- 二、深入贯彻新发展理念，探索证券行业履行社会责任的生动实践 / 132
- 三、积极践行社会责任，以高质量发展提升服务国家战略能力 / 136

共同富裕下保险资管行业改革发展的思考

曹德云　141

- 一、健康高质量发展是行业助力实现共同富裕发展目标的坚实基础 / 142
- 二、政策体系持续优化为行业高质量发展提供不竭动力 / 144
- 三、持续深化自律组织在促进行业高质量发展、助力实现共同富裕中的服务保障作用 / 146
- 四、支持国家发展大局是行业助力实现共同富裕战略目标的核心要务 / 149
- 五、助力脱贫攻坚和乡村振兴是行业助推实现共同富裕的直接实践 / 151
- 六、坚持不懈履行保险资金助力实现共同富裕的责任与担当 / 154

充分发挥信托制度优势 在高质量发展中促进共同富裕

姚江涛 157

- 一、可持续发展是底色 / 158
- 二、产权保护是基础 / 161
- 三、数字化赋能是关键 / 162
- 四、分配问题是核心 / 164
- 五、帮扶助困是难点 / 166

数字普惠金融与共同富裕

郭 为 168

- 一、普惠金融是世界性的难题 / 168
- 二、数字技术的演变推动金融更好服务实体经济 / 172
- 三、场景金融是推动普惠金融的必然路径 / 176
- 四、共同富裕,需要更普惠、更数字的"新银行" / 183

"新型实体企业"如何助力共同富裕

沈建光 朱太辉 张彧通 188

- 一、"新型实体企业"打造了与中小企业生态共建的新样板 / 189
- 二、"新型实体企业"缓解中小企业经营压力的三大机制 / 191
- 三、中小企业与大型企业共建发展生态已成全球趋势 / 197
- 四、"新型实体企业"全面助力共同富裕的政策建议 / 203

肆 共同富裕示范区的探索

实现共同富裕的金融使命
王忠民 209

一、金融助力共同富裕中服务的普惠性 / 210
二、金融助力共同富裕中发展的包容性 / 212
三、金融助力实现共同富裕中高品质生活的安全性 / 214

建设共同富裕示范区,浙江的创新性突破性举措
贲圣林 217

一、金融创新与共同富裕逻辑上的一致性 / 218
二、共同富裕是中国特色金融创新的应有之义 / 219
三、共同富裕示范区建设离不开金融创新 / 220
四、金融创新助力共同富裕示范区建设的"浙江答卷" / 222
五、金融创新助力共同富裕示范区建设的浙江经验与推广建议 / 234

共同富裕下的小微金融服务模式创新——泰隆银行的思考与实践

王 钧 238

- 一、浙江共同富裕示范区建设为小微金融带来新机遇 / 238
- 二、泰隆银行小微金融服务的思考与做法 / 239
- 三、共同富裕下小微金融服务的认知与探索 / 248

壹 金融支持共同富裕的理论内涵

金融发展与共同富裕：一个研究框架 / 张晓晶

在三大超越中准确把握共同富裕的理论基础、实践基础和规划纲领 / 刘元春

寻找金融助力共同富裕的合理路径 / 李 扬

金融发展与共同富裕：一个研究框架

张晓晶

自2008年国际金融危机爆发以来，金融受到的诟病不一而足。占领华尔街运动把金融业的膨胀视作贫富差距的罪魁祸首；皮凯蒂的《21世纪资本论》用大量的经验数据表明"资本又回来了"；近年来金融科技在服务经济社会发展、创新财富积累模式的同时也产生了极化效应。国内关于经济脱实向虚、金融异化与乱象、资本野蛮生长与无序扩张等的批评层出不穷。金融当然不只有消极的一面。强调金融革命如何助推了英国的工业革命、中国金融之不发展如何导致了所谓"中西大分流"，以及中国后发赶超中金融具有推动作用的学者不乏其人，他们说的仿佛是另一个世界的"金融"。

金融的功过可谓见仁见智。但自本轮国际金融危机爆发以来，一系列带有灰暗色调的金融叙事更多的是指向分配不均问题（而不是一般意

作者系中国社会科学院金融研究所所长。

义上的增长），有着特别的启示：如果希望金融向善，更好地服务实体经济，减少不平等，促进包容性发展和共同富裕，就需要把握金融特性，明确金融定位，推进金融改革，重塑金融发展。

共同富裕是社会主义的本质要求，是中国式现代化的重要特征。这些赋予了新时代金融发展的使命担当。探讨金融发展对共同富裕的作用机制，是坚持以人民为中心的发展思想，在高质量发展中促进共同富裕的题中应有之义。

一、简要文献回顾

金融，最朴素的理解，就是跟钱打交道，与穷人无关。**现代金融的"嫌贫爱富"是由金融的自身逻辑决定的——它在信息不对称条件下挑客户、设门槛、索抵押，主要是为了规避风险（有时也是为了减少成本），好让自己能活下去，追求商业可持续性**。这样一来，金融研究俨然成了富人经济学。让金融来关照穷人，促进共同富裕，不啻南辕北辙。从另一个角度看，金融作为撬动现代经济增长、助力财富创造和积累的重要杠杆，当它把穷人拒之门外的时候，贫富差距的扩大是可想而知的。在这里，金融不仅是与共同富裕无关，而且是加大贫富差距的因素。当然，我们也可以找到金融向善、服务穷人、促进共同富裕的典型案例，但总感觉相关的体制机制还不健全，由金融通向共同富裕的道路还很曲折。正是这些"有道理"同时又相互冲突的观点，促使我们深入思考金融发展与共同富裕的关系。

金融如何影响不平等？这是一个非常宏大但长期以来被学术界所忽视的主题。

早期不平等问题被西方主流经济学所消解。一方面，根据边际生产力理论，土地获得地租、资本获得利息、劳动获得工资，各得其所，因此不存在分配问题。边际生产力分配理论提出各生产要素根据各自的贡献获得了相应的回报，其实是从另一个角度诠释了市场的效率和完美，论证了亚当·斯密"看不见的手"的伟大。但由此也使得对收入不平等的讨论在西方主流经济学框架中失去了位置。另一方面，新古典经济学认为货币金融不过是"面纱"，不会对实体经济特别是增长产生实质性影响。鉴于货币金融的影响是"中性的"，也就鲜有关于金融如何影响不平等的讨论。

金融发展的分配效应一直被隐含在金融发展与经济增长的研究之中，直到20世纪90年代才得到真正关注。这与七八十年代以来金融自由化、金融全球化的快速推进以及发达经济体贫富差距的持续扩大有关。

揭示金融与不平等关系的三篇具有里程碑意义的论文分别是 *Banerjee and Newman*（1993），*Galor and Zeira*（1993），以及 *Greenwood and Jovanovic*（1990）。前两篇论文认为更发达的金融市场将减少收入不平等。而第三篇论文则认为金融发展和不平等之间存在倒U形关系，即在金融发展的早期阶段，社会收益较小，从而收入不平等加剧；金融发展到一定阶段后，更多的金融有助于减少收入不平等，主要理论机制是：信贷可获得性的提高允许更多家庭的选择和决策可以基于对支出的合理安排，而不受继承财富的影响。

而 Epstein（2005）等人所开创的金融化（financialization）研究，主要基于发达经济体的经验，指出金融化导致了不平等。Philippon and Reshef（2012）发现，1980年以来金融部门扩张是美国收入差距持续大幅扩大的重要影响因素；Shakhnov（2014）基于美国数据也发现金融发展会导致收入差距扩大。Brei，Ferri and Gambacorta（2018）实证研究了金融结构与收入不平等之间的关系，他们通过分析1989-2012年间97

个经济体的数据，发现二者关系并不是单调的。一方面，在金融发展水平还不是很高的情况下，更多的金融减少了收入不平等；另一方面，在金融发展到一定高度，如果基于市场（market-based）的金融扩张，不平等性就会加剧；而如果通过银行贷款的金融扩张，则不平等性不会扩大。

世界银行（Demirg-Kun and Levine，2009）与国际货币基金组织（Čihák等，2020）也对金融与不平等问题展开了较为全面的梳理和研究。他们的理论与实证分析表明：**金融影响不平等的机制较为复杂；金融在一定条件下会促进增长以及减少不平等，但无论是金融压抑（过度管制以及金融市场不发育）还是金融过度发展（如金融化）都可能导致不平等加剧**。相较于之前的文献，2008年国际金融危机爆发以来的文献对金融的负面影响（特别是对分配的影响）关注较多。

二、金融与收入不平等：微观视角

金融影响不平等的机制有很多，本部分从微观个体出发展开讨论。

就个人来说，收入一般有两个来源：一是通过人力资本获得工资，二是通过拥有资产获得资本收益。

$$y(i,t) = h(i,t)w(i,t) + a(i,t)r(i,t) \quad (1)$$

其中，$y(i,t)$为收入，$h(i,t)$为人力资本，$w(i,t)$为工资，$a(i,t)$为资产，$r(i,t)$为资产收益。资产的引入，可以更充分地反映金融的影响。

第一，信贷市场不完善带来人力资本积累的差异。

假定存在一个完善的信贷市场，无论其父母是否富有，高能力者一般都会获得好的教育，从而人力资本$h(i,t)$就只是个人能力$e(i,t)$

的函数。这样，教育资源的分配就会实现社会有效配置——由于能力回归均值，个人可以通过借贷来资助教育，初始的代际财富差距也就不会持续（Demirg-Kun and Levine, 2009）。但在现实世界中，由于信贷市场不完善（比如，并不是所有想上学的学生都能获得相应的贷款），受教育年限会受到父辈财富的制约。导致人力资本积累 $h(i, t)$ 不仅与个人能力（$e(i, t)$）有关，也和父辈财富（$a(i, t-1)$）有关。

$$h(i, t) = h[e(i, t) + a(i, t-1)] \quad (2)$$

这里隐含的机制是：信贷市场的完善，将有利于缓解因为父辈财富不平等而带来的个人在人力资本积累方面的差距。人力资本积累特别是教育方面的平等，实际上讲的是机会平等。而父辈财富（意味着你出生在什么样的家庭）往往是影响机会平等的重要因素。这里探讨**信贷市场完善一定程度上能突破父辈财富的制约，促进人人享有相对平等的教育机会，是金融有利于减少不平等的重要机制。**

第二，资产（财富）差距会加大收入差距。

接下来探讨个人拥有资产带来资产收益。即（1）式中的 $a(i, t)$ $r(i, t)$ 项。

一方面，资产差距来自收入差距的积累（包括对父辈财富的继承）；另一方面，资产差距也会进一步拉大收入差距。首先，有无资产决定了有无资产收益。除了工资收入，资产收益也是个体分享经济发展成果的重要体现，而没有资产就使他们无法分享增长所带来的资产增值收益。其次，资产的差距（a 的大小），在很大程度上也决定了资产收益率 r。例如，与高回报投资（包括高回报创业活动）相关的最低投资要求或固定成本，意味着更富有的个人可以获得更高的回报，即 $\partial r(a(i, t), t) / \partial a(i, t) > 0$，这会使不平等永久化。资产差距因为金融的影响（作用于

资产收益率 r）会被进一步放大,并导致收入差距扩大。

第三,资产贫困陷阱。

针对收入贫困,Oliver and Shapiro（1997）最早提出资产贫困概念。Haveman and Wolff（2004）发展了这一概念。他们认为,如果一个家庭或个人拥有的财富类资源不足以满足他们"一定时期"的"基本需要",那么这样的家庭或个人就可以界定为"资产贫困"（asset poverty）。前面提到,资产分配的不平等会加剧收入分配的不平等。特别是,在一个不发达的金融市场上,资金供给与需求机制形成一个怪圈：越是资产贫困者,越是不能积累资产进行投资,他们仅有的储蓄会成为资产富裕者投资的资金来源。这样,**贫穷会成为贫穷的原因,形成"资产贫困陷阱"这样的恶性循环**。此外,资产贫困者还被体制所排斥,不能分享现行制度的好处。由于穷人没有资产,政府有关家庭资产积累的规定,对房屋资产、退休金和遗产的税收优惠、激励和补贴政策不可能惠及穷人。例如,用于支持房屋所有和退休养老金的税收支出,正在充分和直接地使至少2/3的美国家庭受益。相反,非房屋所有者和没有福利的受雇者则没有参与到这些制度化资产积累的主要形式之中（迈克尔·谢若登,1991）。

以上这一简约的分析框架,揭示出金融在持续不平等理论中起着核心作用。金融市场摩擦（信贷市场不完善）和金融嫌贫爱富的本性（如准入门槛的设置）,影响到财富、人力资本积累和投资机会的代际传递,而这反过来又决定了不平等的持续性。

三、金融发展与收入分配：宏观视角

上一部分关于金融如何影响收入不平等的讨论主要是微观的、静态的,同时也是高度简化的。本部分从宏观、动态视角进一步讨论金融发展与收入分配的关系,充分展示在一系列金融制度与政策安排下金融发展影响不平等的复杂性,而大量的实证分析也使二者的作用机制从模型走向现实。

在展开本部分讨论之前,首先需要对金融发展作出界定。毕竟,当一些人在说金融有利(或不利)于缓解收入不平等时,他们所说的金融可能并不是一回事。这里,我们借鉴国际货币基金组织的方法,把金融发展概括为三个层次的内容:金融深度(及金融化),金融包容性,以及金融稳定性(Čihák等,2020)。

(一)金融深度、金融化及其分配效应

金融深度(financial depth)包含两个维度:一是金融部门规模占总体经济规模的比重,一般由银行信贷占GDP的比重、市场资本化(股票市值)水平、债券市场规模,以及衍生工具规模等构成;二是金融市场的深度,一般是指金融工具(产品)最初开价与最后成交价之间的差额大小。**金融深度衡量金融发展处在某个水平。相较而言,金融化是一个过程。**它是指"金融动机、金融市场、金融参与者和金融机构在国内外经济运行中的作用越来越大"(Epstein,2005)。金融化不同于金融深度,并且也不同于金融深化(financial deepening)。**金融深化刻画的是一个经济体通过减少管制、推进市场化,摆脱金融压抑的束缚,带来金融发展,这往往发生在一个落后经济体中;而金融化,并非简单的金融深度的提高,而是指越过了适度区间,金融发展过度了,这往往发生在成熟市场经济体中(但也不排除一些发展中国家的"金融早熟")。**

1.全球范围内的"金融化"发展

20世纪七八十年代以来的金融自由化、金融全球化,大大推进了经

济的金融化发展,这体现在银行业去管制化、金融业集中、机构投资者规模和范围的扩大、股东价值运动以及新自由主义政策模型的主导等方方面面,全球金融资产与债务急剧扩大。

金融稳定委员会最新报告显示(FSB,2021),截止到2020年底,全球金融资产规模(包含中央银行、存款类机构、非银行金融中介、公共金融机构等)已经达到468.7万亿美元,而2004年的时候还远不到200万亿美元(参见图1-1)。

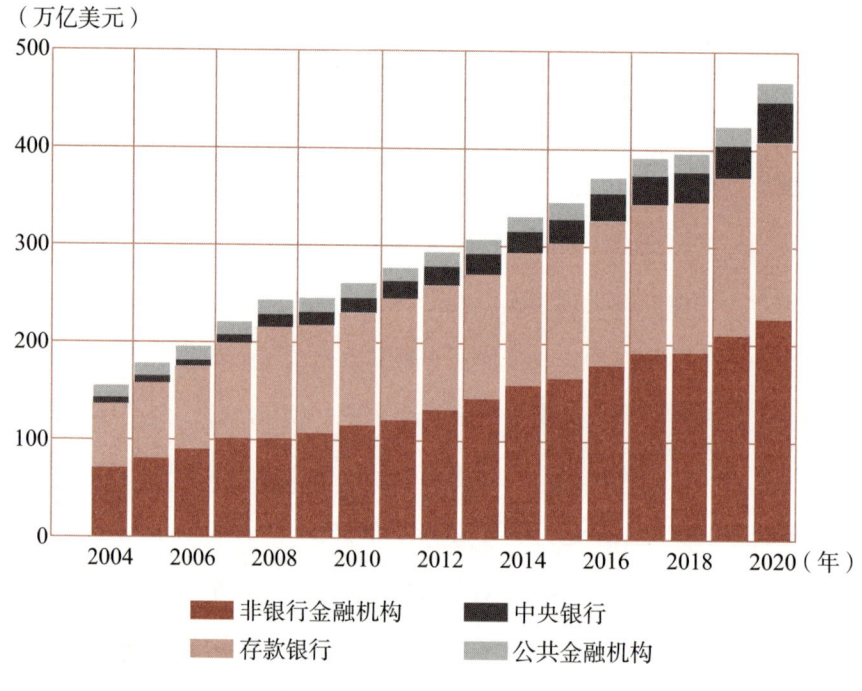

图1-1 全球金融资产与结构

资料来源:FSB(2021)。

根据资产负债表,经济体中的每笔债务一般都有对应的资产,因此,我们也可以从债务角度来观察全球的金融化发展。国际金融协会(IIF)的数据显示,全球债务(包括金融部门的负债)在2000年底还只有84.4万亿美元，而到了2021年第二季度已经攀升到接近300万亿（296万亿）美元。

更长时段的数据显示（见图1-2），1950—2011年，无论是新兴市场经济体还是发达经济体，国内私人部门信贷占GDP的比重都在不断上升，其中发达经济体尤甚。新兴经济体私人信贷占比，由1950年的不到20%上升到2011年的50%左右；发达经济体由1950年的不到60%上升到2011年的160%。若将数据更新到2020年底①，则新兴经济体私人信贷上升到149.9%，发达经济体上升到178.1%。加入政府部门与金融部门之后，新兴经济体与发达经济体的杠杆率更进一步攀升到250.4%和426.1%；换句话说，私人信贷分别是GDP的2.50倍和4.26倍。

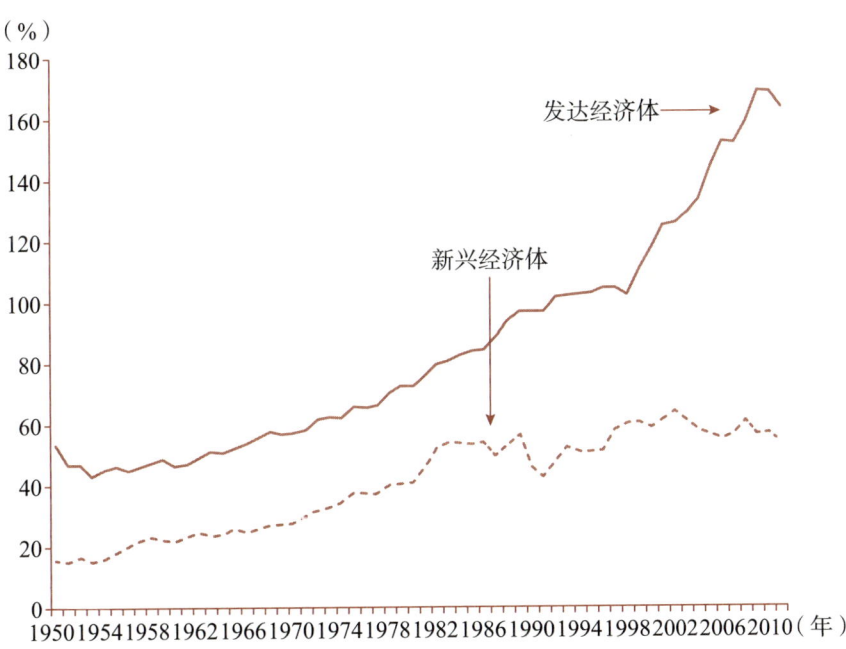

图1-2 全球国内私人部门信贷占GDP比重（1950—2011年）

资料来源：Reinhart等（2012）。

---

① 数据来源于国际金融协会（IIF）。

2. 金融化带来的分配效应。

金融化带来强烈的分配效应：金融从业者工资与金融业利润大幅提高、食利性收入快速攀升以及劳动收入份额下降。

首先，金融从业者工资与金融业利润大幅提高、国民收入（财富）向金融部门转移。

近年来，在全球范围内，特别是发达经济体中，金融行业平均工资远远高于社会平均水平，且差距一直在扩大。Philippon（2012）测算了美国金融业的超额工资（见图1–3）。所谓超额工资，就是高出基准工资的部分。图1–3表明，大萧条之前，特别是20世纪20年代末到30年代初，超额工资上升非常快，在基准工资40%以上。之后较快地回落，二战以后一直到70年代末，大体上是一个回落的过程，到1980年左右甚至已经低于基准工资了。但此后，随着金融自由化的推进，这个超额部分越来越高，到2005年，已经高于51%。超额工资反映出随着金融化，金融从业者获得了更高的工资收入，从而加剧了不平等。

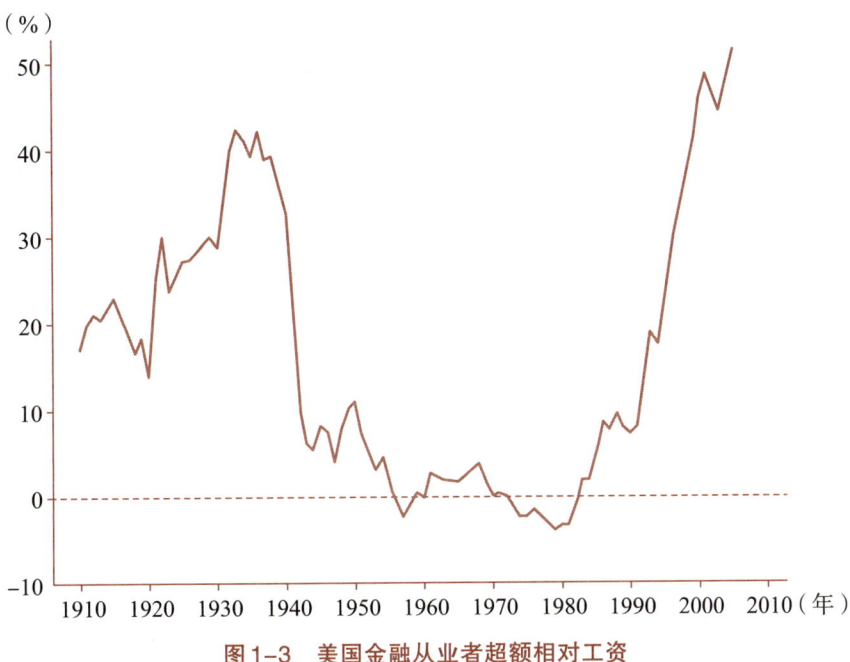

图1-3 美国金融从业者超额相对工资

资料来源：Philippon（2012）。

金融业利润占国内利润比重也大幅提升。还是以美国为例。1948年金融业利润占比不到10%，之后有所上升，在20世纪70年代初到达一个高点，但也不到20%，之后回落，80年代初已经到10%以下。自80年代中期开始，金融业利润占比大幅攀升，到2005年到达一个高点，超过了40%（见图1-4）。在2008年国际金融危机的高峰时期，金融部门的利润大幅下跌，但很快又回升了。

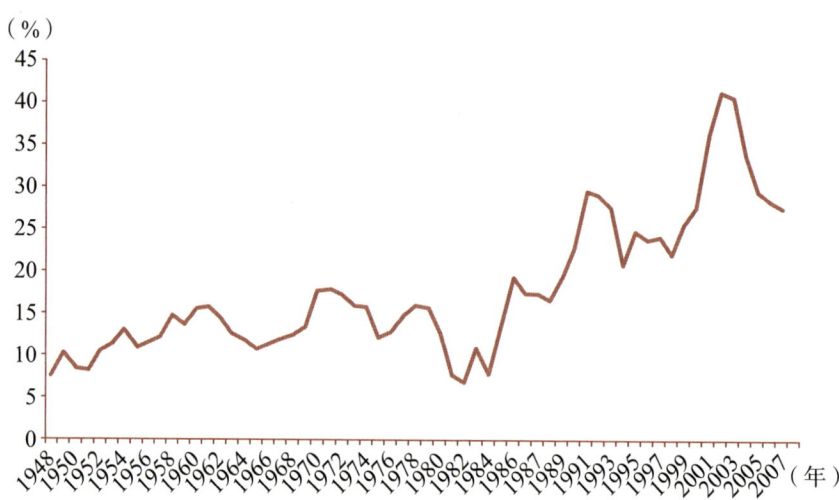

图1-4 美国金融业利润（不包括美联储）占国内利润的比重

资料来源：Johnson（2009）。

金融业的超额工资与超额利润，导致国民收入（财富）向金融部门转移。相关估算显示，这一转移规模是巨大的。1995-2015年，英国金融业超额工资与超额利润合计达到6800亿英镑，占到2015年英国GDP的37.1%。1990-2005年，美国超额工资与超额利润达到3.68万亿美元（Baker等，2018）。进一步的估算显示，自1980年以来，大约5.8万亿美元到6.6万亿美元被转移到了金融部门（唐纳德·托马斯科维奇-迪维等，2015）。

其次，食利性收入快速攀升，挤压了实体经济部门收入。

食利性收入（rentier income，也译作食利者收入）一般是指来自金融资产的收入[①]。金融化发展推动了食利性收入占比的上升。表1-1显示了从20世纪60年代到90年代末，美国、荷兰、英国、日本和德国的食利性收入份额的变化。

---

① 皮凯蒂（2014）认为所谓的食利者收入实际上包含了实物资本带来的收入。

尽管不同经济体食利性收入份额在以上考察的40年中呈现出不同的变化态势,但仍然有如下几个发现:首先,总体上,食利性收入份额处在一个逐步上升的态势。金融自由化大发展的20世纪80—90年代,恰恰是食利性收入份额占比很高的年代,此后有所回落,但幅度并不是很大。其次,荷兰从经济规模上看只能算一个小国,但其金融化程度非常高,体现出小国大金融的特点。最后,以90年代为基准,各国食利性收入份额占比的排序从高到低依次是美国、荷兰、英国、日本、德国。这一定程度上反映出一国金融发展的特点。基本上仍然是美英、日德两个阵营:美英以市场为主导,金融化的特点非常明显;而日德以银行为主导,金融化程度就没有那么高。

表1-1 不含资本利得的食利性收入份额(10年平均,%)

	20世纪60年代	20世纪70年代	20世纪80年代	20世纪90年代
美国	14.81	22.47	38.26	33.49
荷兰	—	13.47	18.69	20.97
英国	3.97	6.33	10.85	14.16
日本	9.00	12.30	14.27	11.22
德国	2.98	5.02	7.83	7.43

资料来源:Power,Epstein and Abrena(2003)。

3.劳动收入份额下降

在宏观的国民收入分配中,劳动报酬与资本报酬所占份额,取决于劳动与资本在社会中的权力。《资本论》以及《21世纪资本论》都在强调资本的权力(资本在社会中特别是在分配中占据主导地位)。"资本又回来了",导致资本收入份额占比上升,而劳动收入份额下降,从而打破了所谓的"卡尔多事实"(Kaldor,1961),即各种生产要素收入在国民收入中所占份额大体上稳定不变。

尽管由于计量的原因（比如，对资本折旧的处理、住房、自我雇用、无形资产以及企业主拿的是资本收入而非劳动收入等），关于劳动份额占国民收入比重下降的程度存在争议，但总体上，这一下降是真实的且非常显著（Autor等，2020）。图1-5展示了21世纪初以来劳动份额的较快下降。

劳动收入份额下降与全球化以及技术变革（比如，自动化）等都有关系，但金融化显然也难辞其咎。此前讨论的金融业高工资、高利润转移了国民收入，食利性收入占比提高凸显了金融资产在获取收入中的重要性，这些都抑制了劳动收入份额的提高。研究表明，1970年至2008年间，金融化可以解释劳动收入份额下降的一半以上（Lin and Tomaskovic-Devey，2013）。

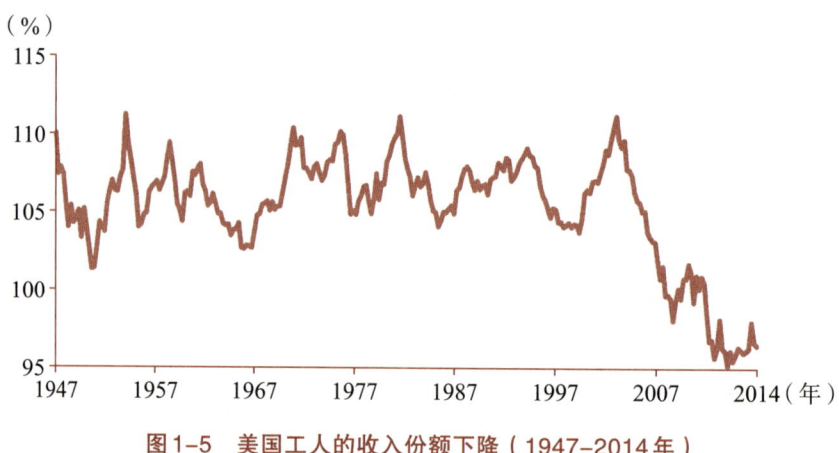

图1-5　美国工人的收入份额下降（1947-2014年）

注：非金融企业部门劳动份额指数2009=100。
资料来源：Summers（2015）。

（二）金融包容性及其阴暗面

金融的准入门槛，是导致低收入群体或小微企业无法获得金融服务的重要原因。而所谓的金融包容性（financial inclusion），就是提高金融服务的覆盖面（或渗透率），特别是要求金融能够抵达低收入人群和小微企业，帮助他们解决因为没有账户、缺少抵押等因素而无法获得信贷及其他金融服务的困难。全球范围内普惠金融的发展正是金融包容性提升的重要体现。金融包容性需要相应的制度安排和政策导向，也可借由技术（特别是金融科技）助推而得到快速发展。

理论表明，信息不对称和交易成本等金融市场缺陷限制了穷人获得正规金融服务的机会，从而阻碍了他们摆脱贫困。一方面，随着金融发展，尤其是金融科技的运用（比如，移动金融服务），最有可能将无银行账户群体纳入正规金融体系；另一方面，金融科技利用大数据等优势，缓解信息不对称问题，从而减少对抵押物的依赖，让更多的穷人获得信贷机会。原则上，更多基于还款能力而不是抵押品的贷款是金融体系发达的标志。但在实践中，即便是发达国家的金融体系，仍然主要依赖于抵押贷款。抵押问题，本质上是信任问题。金融科技显然不能完全解决信任问题，而制度才可能是根本的信用保障。

一般来说，金融包容性的提升给予穷人更多的机会（无论是积累人力资本，还是从事创业），从而有利于缩小收入分配差距。但经验分析展现了其中的复杂性。一个金融深度较低的国家（比如，处在全球分布的第25百分位）成功地将金融包容性从第25百分位提高到第75百分位，可以预期其不平等性将显著下降（基尼系数下降大约0.09）。这意味着，一个经济体处在中低水平的金融深度时，金融包容性提高（体现为信贷扩张）会减少不平等；但对于金融深度已经很高的经济体（如发达经济体）而言，信贷扩张会导致不平等加剧（Čihák等，2020）。

金融包容性具有积极作用毋庸置疑，但也要关注其消极面。其一，金融包容性将大量低收入群体变成债务人,他们往往沦为金融波动(危机)的牺牲品。美国次贷危机就是非常典型的案例。随着更多低收入人群开始负债,居民部门杠杆率不断攀升,信贷大幅增长推升了资产价格(如住房价格、股票价格),这使得拥有更多房产和股票的人财富增长更快,进一步加大了收入差距。其二,金融包容性意在金融普惠,但有时候是普而不惠,甚至会出现掠夺性信贷(predatory lending)。金融机构和大科技公司可以通过大数据、机器学习等来进行差别定价、歧视定价,在愿出高价者那里获利更多,从而充分挤压消费者剩余的空间,给部分群体带来更高的信贷成本。

(三)金融稳定性与不平等

金融稳定性也是衡量金融发展的一个重要方面。**而金融不稳定(如金融波动或金融周期繁荣—萧条的更替)往往会加剧不平等。**

一方面,金融周期上行或使不平等加剧。政府利用税收资金为金融机构提供隐性担保,在金融机构遭遇危机时慷慨解囊,调用大量财政资金救助金融机构,隐性财政担保的存在使金融机构肆无忌惮地投资高风险项目,显著提高了金融部门利润。虽然金融从业者收入骤增,但这是以其他社会成员来承担财政担保成本为代价的,纳税人并不能从金融机构的冒险活动里获得收益,如此一来,收入不平等随之上升。

另一方面,金融周期下行也或使不平等加剧。金融繁荣之后往往伴随着金融危机,其特征是资产价格下跌、不良贷款增加、资本缓冲减少或耗尽,等等。这种困境会反馈到实体经济中:当资产价格下跌时,脆弱的金融公司被迫减少债务,从而导致资产价格、就业和经济增长进一步下降。当金融机构更多地减少对小公司和穷人(风险较高,抵押品较少）的贷款和其他金融服务时，就会破坏机会均等，从而导致不平等加剧。而且，在金融周期下行甚至出现金融危机的时候，相关政策刺激或救助措施会进一步加剧不平等。一方面，危机爆发后，一些"金融大鳄"因为大而不能倒而受到救助，犯下严重决策错误的高管们甚至不会减薪，而这花的都是纳税人的钱，这显然是不公平的。另一方面，为应对危机而出台的非常规货币政策，促进了资产价格的上涨，使得拥有更多资产的富裕家庭受益，也会扩大收入不平等。

四、金融发展与共同富裕的"中国故事"

现在我们把目光聚焦到中国。改革开放以来，中国经历了"从几乎没有个人财产到个人财产的高速积累与显著分化"（赵人伟，2021，第10页）的过程。财富的"高速积累"与"显著分化"，叠加中国金融发展"压抑"与"赶超"的并存，立体呈现出金融发展与共同富裕的"中国故事"。

（一）收入与财富"前所未有"的增长

改革开放40余年，中国金融参与创造了"两大奇迹"——世所罕见的经济快速发展奇迹和社会长期稳定奇迹：一方面通过服务于储蓄—投资的转化，促进了经济增长；另一方面保持了长期的金融稳定，从未发生过金融危机[①]。"两大奇迹"使得国民收入与财富出现前所未有的增长。

[①] 值得指出的是，中国虽然并未发生典型意义上的金融危机，但风险的不断积累加剧也使得防范化解风险成为中央提出的三大攻坚战之一。而且，政府为精准拆弹、处置风险所采取的一系列政策举措，亦会产生不同程度的分配效应。

国民收入方面。1978年,中国国内生产总值仅为3679亿元,2017年达到83.2万亿元,年均实际增长9.5%,远高于同期世界经济2.9%左右的年均增速。2020年,国内生产总值更是突破百万亿元大关。与此同时,人均GDP由1978年的385元,增长到2020年的7.2万元①,超过1万亿美元,接近高收入国家门槛(见图1-6)。

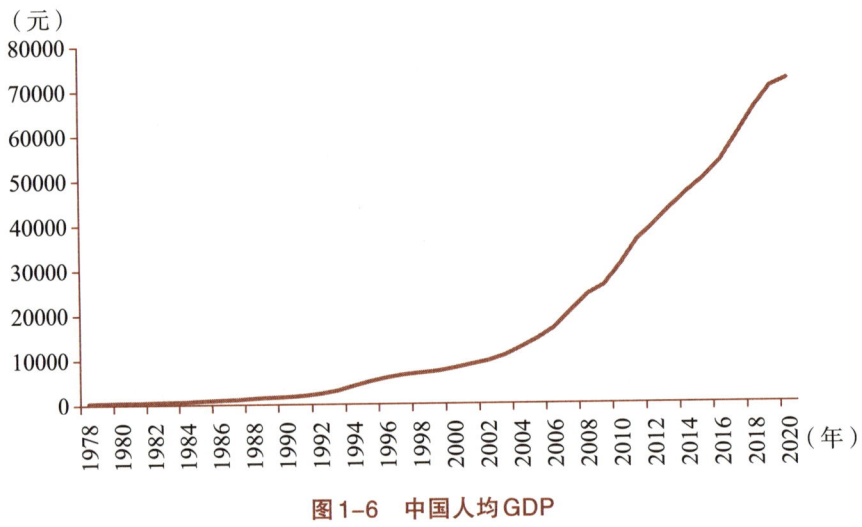

图1-6 中国人均GDP

资料来源:Wind数据库。

国民财富方面。据中国社会科学院国家资产负债表研究中心(CNBS)的最新估算,截至2019年,中国的全社会净财富达到675.5万亿元,人均社会净财富为48.2万亿元;其中居民部门财富为512.6万亿元,人均居民财富达到36.6万亿元。改革开放以来,人均居民财富的变化最为引人注目。图1-7显示,1978年,中国居民人均财富不足400

---

① 从国际比较看,我国人均可支配收入大幅低于人均GDP,本身也反映出国民收入分配存在问题。

元,1992年小平同志南方谈话后,跨过了4000元,1995年突破1万元大关,2009年突破了10万元,2019年人均居民财富达到36.6万元。从人均居民财富的增长来看,1978-1989年的年均复合增长率为19.8%,1990-1999年的年均复合增长率为25.7%,2000-2009年的年均复合增长率为18.9%,2010-2019年的年均复合增长率为13.3%。其中,20世纪90年代的人均居民财富增速为快。2010年以来随着经济逐步进入新常态,人均居民财富增速有所放缓。总体上,改革开放以来居民财富的增长堪称历史上"前所未有"(张晓晶,2021)。

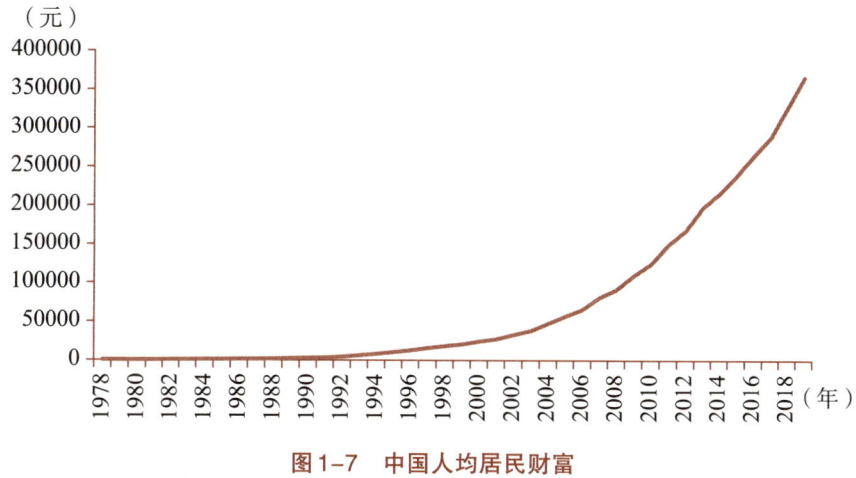

图1-7 中国人均居民财富

资料来源:中国社会科学院国家资产负债表研究中心(CNBS);Wind数据库。笔者计算。

(二)收入与财富的分化

国民收入与财富的快速增长,彻底改变了中国贫穷落后的面貌。而2020年全面建成小康完成第一个百年目标,也彰显出包容性发展与共同富裕所取得的成就。党的十八大以来,党中央把逐步实现全体人民共同富裕摆在更加重要的位置上，采取有力措施保障和改善民生，打赢脱贫攻坚战，全面建成小康社会，为促进共同富裕创造了良好条件。不过，总体上，我国的收入与财富分配差距仍然较大，实现共同富裕任重道远。

收入分配方面。国家统计局的数据显示，进入21世纪以来，中国收入分配基尼系数一直处于上升态势，2008年达到峰值0.491；2008-2015年处于回落中，收入差距有所收敛；但近年来基尼系数又有所回升，2019年为0.465，高于0.4的国际警戒线。

财富分配方面。国际比较看，财富分配基尼系数高于收入分配基尼系数是常态。瑞士信贷《全球财富报告2021》(*Credit Suisse Research Institute*，2021)显示，中国财富基尼系数从2000年的0.599持续上升至2015年的0.711，随后有所缓和，降至2019年的0.697，但2020年因疫情冲击，再度上升至0.704。罗楚亮、陈国强（2021）基于住户调查数据（CHIP2013和CEPS2012、CFPS2016），计算出居民财富基尼系数分别高达0.619和0.736。他们进一步通过富豪榜数据补充部分缺失的高收入人群，所得的财富基尼系数进一步提高，甚至达到0.8。Wan等（2021）通过四轮中国家庭金融调查（CHFS）发现，在中国居民财富差距扩大的驱动因素中，房产差距是最大的解释因子，能够解释财富不平等的七成左右；并且随着时间推移，房产差距对居民财富不平等的解释力还在增大。就全国来说，2011年住房对居民财富不平等的贡献为71.86%，2017年上升到75.49%；城镇地区这一比例从2011年的74%上升到2017年的76.57%，农村地区这一比例从58.48%上升至64.09%。此外，基于"世界不平等数据库"（World Inequality Database）提供的关于中国等五大经济体顶端10%人群财富分布数据，2000年，中国这一富裕人群的财富尚不足各类人群合计的50%，低于美国、法国、英国、俄罗斯等国同期水平。但在此之后，中国的财富分配从一个相对较为平等的水平快速上升，并明显超过英、法等较为侧重社会公平与福利的欧洲国家，接近俄罗斯、美国的水平。中国顶端10%人群财富拥有量占居民财富总量的比重，由2000年的不到47.8%上升到2011年的66.7%；2011年之后趋于基本稳定。①

（三）金融与不平等：金融压抑与金融赶超的双重影响

中国金融发展的逻辑内嵌于中国经济发展的大逻辑，后者的核心在于经济赶超。实现赶超要完成转型与发展的双重任务。正是在"双重任务"的框架中，形成了一系列具有中国特色的金融制度与政策安排，导致金融压抑与金融赶超并存。

金融压抑主要是指政府对利率、汇率、资金配置、大型金融机构和跨境资本流动等有着不同形式的干预。从新古典经济学的角度看，金融压抑是一种扭曲，会使资源配置偏离最优状态，比如，会扭曲风险定价，降低金融资源配置效率，遏制金融发展，从而不利于经济增长与金融稳定。不过，如果将金融压抑置于中国经济赶超的大背景下，则会获得新的认识。研究表明，在金融市场还不成熟、工业化资金需求十分旺盛的早期发展阶段，适度的金融压抑在有效动员资源、加快经济增长方面发挥了重要作用，因而称得上是一种"良性扭曲"（张晓晶等，2018）。不过，随着中国逐步迈入高收入经济体行列，逐步取消金融压抑、纠正金融扭曲是金融供给侧结构性改革的重要任务。

"金融赶超"是指金融业规模的快速扩张以及金融科技的"弯道超

---

① 作为参照，中国人民银行调查统计司城镇居民家庭资产负债调查课题组的数据显示：最高10%家庭的总资产占比为47.5%。

车"。之所以被界定为赶超，是因为金融相关指标可能超过了与中国的发展阶段（比如，以人均国民收入来衡量）相适应或相匹配的水平。一般而言，金融压抑会制约金融赶超；但在中国，金融压抑却成了金融赶超的"催化剂"。理解这一悖论的关键在于金融压抑导致金融发展的单一化、政府主导，形成正规体系与非正规体系的"二元"；而金融创新特别是借助金融科技带来的创新，能够打破这样的二元格局，促进非正规体系（如影子银行）发展，同时推进新金融业态（如大科技公司进入金融业）发展。**金融赶超可以看作对于金融压抑以及各类金融规制的突破，这一赶超借助了两股力量：一股是金融科技的发展，另一股是监管的包容**。这是观察中国金融发展的新视角。

1.金融压抑及其分配效应

站在发展型政府角度，金融压抑是为了满足经济赶超的需要，因此更关注增长目标而忽略由此带来的分配效应。

发展中国家的金融压抑导致资金价格扭曲，进而产生信贷配给，个体和企业获得信贷的成本与机会不公平，融资渠道不畅，收入分配差距扩大。从而导致这样一种恶性循环：**经济落后—金融发展落后—资金短缺—金融压抑—信贷配给—信贷获得不平等收入分配不均**。中国存在明显的金融压抑现象，主要表现为利率、汇率的管制，信贷配给以及金融机构的设立限制等。政府通过金融管制在各部门之间直接分配租金，从而不可避免地影响整个社会的收入分配状况。实际贷款利率低于均衡利率水平，信贷需求远远大于供给，信贷配给或者选择性信贷政策，使得一部分相对优势群体（比如，国有经济、重化工业、城市、大企业等）获得更多更优质的金融服务，而使另一部分相对弱势群体（如非国有经济，中小微企业，农村或偏远地区等）较难获得金融服务。信贷方面的歧视，无论是基于所有制、产业还是区域，都会产生不平衡与不协调的结果，导致不平等加剧。

进一步而言，金融压抑政策以及相应的制度与政策安排，造成对居民财产性收入的侵蚀。金融压抑不仅表现在官方利率长期远远低于市场利率方面，而且表现在国有银行的垄断地位和门槛准入方面。对存款利率上限的管制，虽然一定程度上降低了国企的投资成本，也使得中国银行业的不良贷款率恢复至正常水平，但扭曲的资本价格除了误导投资外，也对居民收入产生了负面影响，使得居民储蓄存款收益大幅下降。金融抑制政策形成了一种居民补贴企业和地方政府的财富分配机制，居民财产性收入受到侵蚀，企业和地方融资平台却得到"补贴"。

2.金融赶超及其分配效应

中国的金融赶超主要（但不限于）表现为：宏观杠杆率攀升，金融业增加值偏高，金融科技跻身全球第一方阵。这三个方面，都有着不同程度的分配效应。

一是宏观杠杆率攀升。2008年国际金融危机之前，中国的宏观杠杆率缓慢上升，在2003-2008年期间还出现了自发去杠杆，杠杆率轻微下降。2008年国际金融危机爆发之后，宏观杠杆率有一个急速攀升的过程。在中央去杠杆政策作用下，宏观杠杆率于2017年底到达241.2%的高点，之后保持相对平稳态势。但随着新冠肺炎疫情的冲击，宏观杠杆率再度攀升，2020年底达到270.1%的新高（见图1-8）。正如前述分析，杠杆率的攀升为资产规模大幅扩张创造了条件，推进了金融化。在此过程中，房价大幅上涨导致财富与收入差距拉大是金融化带来的最为明显的分配效应。而居民杠杆率（以住房抵押贷款为主）的一路上升也可以作为相应的注脚。

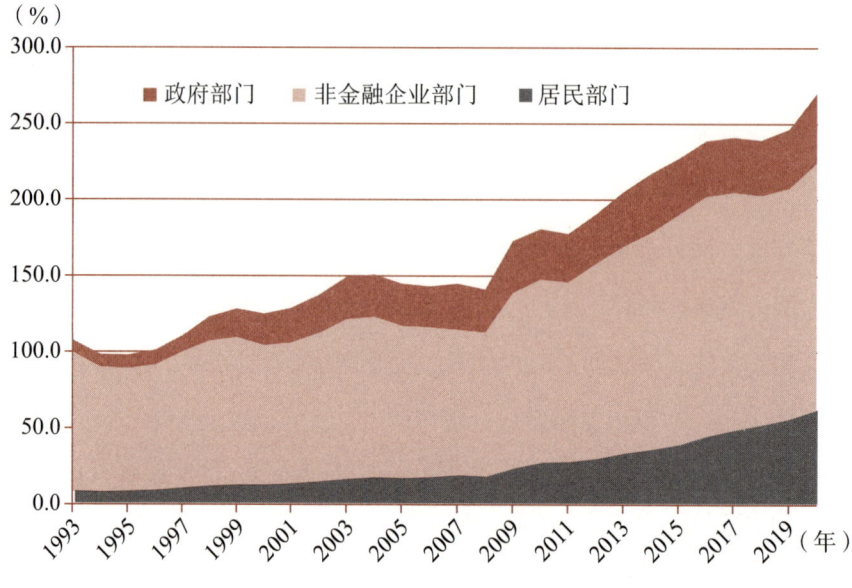

图1-8 中国宏观杠杆率

资料来源：中国社会科学院国家资产负债表研究中心（CNBS）。

二是金融业增加值偏高。在关于金融化与收入分配的讨论中，金融业增加值占国民收入比重一直是一个重要的衡量指标。如图1-9所示，自20世纪90年代中期以来，日德的金融业增加值占GDP比重较为平稳甚至略有下降（除了2000-2007年的全球化繁荣时期有所上升）；英国自2000年以来有大幅跃升，2008年危机以后有所回落；美国一直处于高位，2008年经历短期回落以后仍趋于上升。中国金融业增加值占比自2005年以来急剧攀升，在2015年达到8.4%的峰值，一下子超过了英美。虽然关于中国金融业增加值的估算存在争议（比如，核算方法不同、涵盖范围不同等），但中国金融业增加值偏高却是不争的事实。金融业增加值一度超过英美，反映出中国金融的赶超发展以及金融化趋势。金融业增加值是金融业提供服务所产生的增值，它在很大程度上是实体经济获取金融服务所付出的成本。**中国金融业增加值占比的偏高（甚至是畸高）显示经济出现"脱实向虚"**（见图1-10）**且国民收入和财富分配向金融业倾斜。**

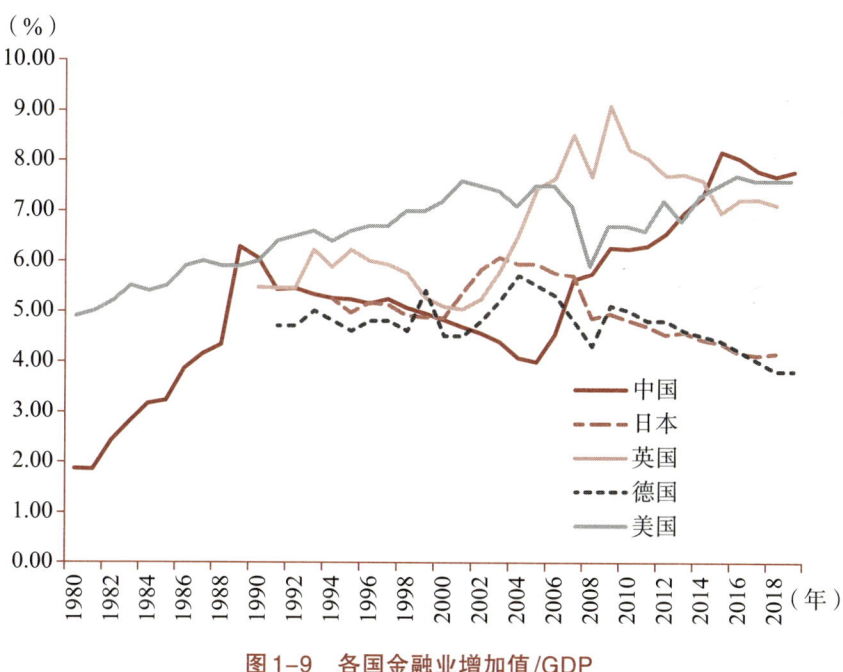

图1-9　各国金融业增加值/GDP

资料来源：各国统计当局，国家资产负债表研究中心（CNBS）。

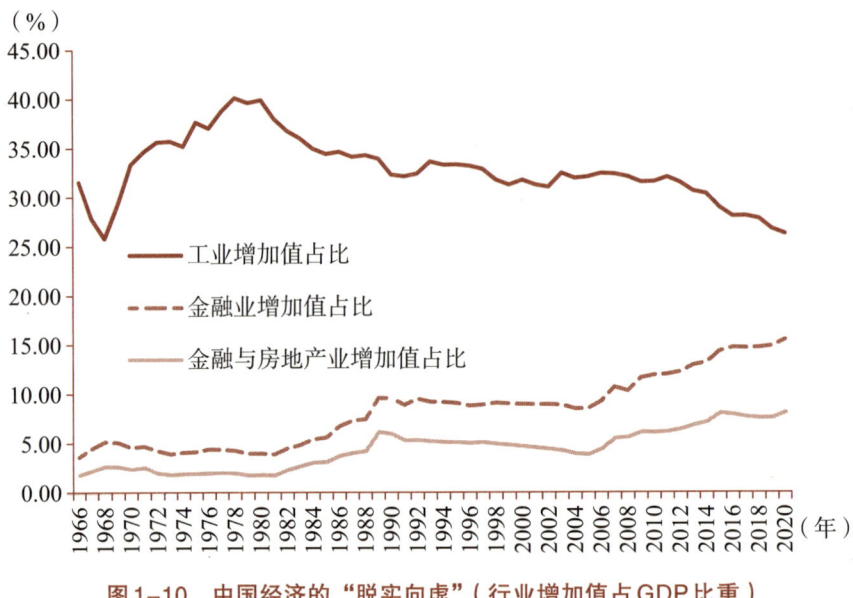

图1-10 中国经济的"脱实向虚"(行业增加值占GDP比重)

资料来源：Wind数据库。

三是金融科技跻身全球第一方阵。近年来，人工智能（A）、大数据（B）、云计算（C）、分布式记账（D）、电子商务（E）等新兴技术逐渐与金融业务深度融合，加速了金融创新，并催生出移动支付、网络信贷、智能投顾等新业态。中国有近10亿互联网用户，为金融科技运用奠定了基础。2019年，87%的中国消费者使用金融科技，2020年末，全球前20大平台公司中，中资企业已占据五席。在大型科技公司推动下，中国移动支付快速发展，普及率已达86%（易纲，2021）。金融科技信贷和大型科技信贷的最大市场是中国，其中大科技公司贷款在2018年和2019年分别为3630亿美元和5160亿美元；相较而言，排在第二位的美国，其相关信贷规模却要小很多（BIS，2020）。中国金融科技基本处在全球第一方阵。**与一些发达经济体不同，中国大科技公司介入金融的程度要深得多。**金融科技在提高金融服务实体经济效能，促进普惠金融发展方面，都发挥了非常积极的作用。但与此同时，金融科技也是一柄"双刃剑"。在监管未能及时跟上的情况下，金融科技现出了"异化"，导致普惠金融的"普而不惠"问题。比如，在对个人和小微企业的联合贷款中，90%以上的资金来源于银行业，金融科技公司利用导客引流优势，直接收取的费用占客户融资综合成本的1/3左右，加上代销或其他过度增信产品等收取的费用，往往高达2/3（郭武平，2020）。

五、结论与政策建议

金融发展与共同富裕是一个宏大的主题，涉及的理论（机制）非常广泛，相关经验研究结论差异也较大。金融科技的崛起为这一讨论增加了新因素，金融发展甚至都需要重新定义。本文作为一个研究框架，尽可能将金融发展与共同富裕涉及的问题都提出来，展示它们之间的逻辑关联。

通过微观视角与宏观视角的考察，本文深入剖析了金融发展对不平等的影响机制：**适度、规范的金融发展有利于减轻不平等，但金融压抑和过度金融化都可能导致不平等加剧**。就中国而言，**金融压抑与金融赶超（以及金融化）并存是中国金融发展的"特色"，二者也成为当前分配不均的驱动因素**。有鉴于此，金融发展促进共同富裕需要坚持人民至上、把握金融本性、明确金融定位、推进金融改革，在以下多个方面取得重要进展。

（一）金融发展要回归服务实体经济本源，避免过犹不及

金融压抑与金融赶超并存是中国金融发展的"特色"；前者是"不及"，后者是"过"，两者都可能带来不好的结果。金融压抑导致金融发

展不足，形成了信贷歧视、金融排斥；金融赶超带来的（过度）金融化也导致收入转移、分配恶化。因此，一方面，要减少金融压抑，推动金融市场化发展。首先，发挥市场在金融资源配置中的决定性作用，减少政府干预，摆脱金融压抑。一是推进资本要素市场化配置：完善股票市场基础制度，加快发展债券市场，增加有效金融服务供给，主动有序扩大金融业对外开放。二是加快金融领域价格市场化改革：稳妥推进存贷款基准利率与市场利率并轨，提高债券市场定价效率，健全反映市场供求关系的国债收益率曲线，更好发挥国债收益率曲线定价基准作用。增强人民币汇率弹性，保持人民币汇率在合理均衡水平上的基本稳定。另一方面，避免经济脱实向虚和过度金融化。金融要回归为实体经济服务的本源，满足经济社会发展和人民群众需要。金融创新和发展要围绕提升服务实体经济效能，着力解决发展的不平衡、不充分的矛盾。各地发展不宜将金融业自身的扩张当作"政绩"，不搞超越发展阶段的金融化。金融监管要包容审慎，防止金融搞自我循环、出现过度金融化。

（二）促进房地产业健康发展，努力实现住有所居

住房是居民财富的重要构成，中国居民财富差距很大程度上可以由房产差距来解释。因此，促进房地产业健康发展，实现住有所居，是促进共同富裕的重要方面。一是给予房地产业合理定位。房地产于居民而言，是其立足之地，也是最重要的财产；房地产于地方政府而言，是经济发展的重要抓手；房地产于银行而言，是重要的抵押物，是信贷投放的"好"去处。**房地产将金融与实体经济紧密"连接"在一起，起到了枢纽作用。**未来房地产业仍是中国经济的重要部门，是金融与实体经济关联交织的枢纽。经济增长、民生改善、共同富裕都离不开房地产业的

平稳发展。二是推动房地产业健康发展。坚持"房住不炒",因城施策、分类指导,着力稳地价、稳房价、稳预期,落实好房地产市场长效机制,顺应居民高品质住房需求,更好解决居民住房问题,促进房地产行业平稳健康发展和良性循环。三是发挥政府在住房保障方面的作用,实现住有所居。政府要承担保障性住房方面的公共服务职能,加快完善以公租房、保障性租赁住房和共有产权住房为主体的住房保障体系,帮助居民减少住房相关支出,降低居民杠杆率。

(三)落实农民土地财产权利,缩小城乡差距

缩小城乡收入差距是改善收入分配的重要方面。在过去的工业化与城镇化进程中,农民(农村)做出了巨大的贡献和牺牲;在迈向现代化新征程中,不能再走牺牲农民的老路。农民走出农村到城镇就业,固然是提高收入的一条途径,但在现代化进程中,更重要的是对农民土地财产权利的保护。党的十八届三中全会对农村"三块地"即集体经营性建设用地、农民承包地和宅基地的依法有序流转做了系统性的顶层设计,试图开辟增加农民财产性收入的渠道。农村集体土地的产权比较模糊,所有权、承包权、经营权"三权分置"。这种情况下,就存在土地收益如何分配的难题。**土地制度改革的核心在于如何保护好农民的利益**。这恐怕是农民改变自己命运的重要机会。如果土地市场化、资本化了,但是土地增值收益却跟农民没有关系或少有关系,这将是巨大的失误,我们也将失去消除城乡收入差别的重要机会。因此,《土地管理法》的修订,以及在推进土地要素市场化配置体制机制改革过程中,要深化农村土地制度改革,推进宅基地流转、置换方式创新,让农村居民合理分享土地增值收益,真正将农民的土地财产权利落实到位。

（四）发展普惠金融，使低收入群体也能分享增长红利

一是发展普惠金融，提升低收入群体和小微企业的信贷可获得性。由于普惠金融业务成本高、效率低、盈利小，商业可持续性与大众可获得性存在一定的内在矛盾，成为制约普惠金融发展的主要因素。**普惠金融不能只是普而不惠或惠而不普，而是要"普"、"惠"、商业可持续性三者兼顾**。因此，一方面要精准定位，多措并举地让低收入群体和小微企业获得金融服务，实现信贷投放以"量"增带动"面"扩和"价"降，形成又"普"又"惠"的金融服务体系；另一方面，应加强技术攻关，打通普惠金融信贷业务中存在的堵点，帮助金融机构"提质、降本"，为商业可持续性汲取动力。二是突破金融准入门槛，让低收入群体能够分享增长收益。拓宽居民利息、股息、红利、租金、保险等财产性增收渠道，合理调整准入门槛，增强金融市场和资本市场财富保值增值功能的普惠性，有效增加居民财产性收入，使更多的低收入群体可以借由金融渠道分享到增长红利。

（五）重视金融科技的双刃剑效应，推进金融科技向善

金融科技推进金融包容性的同时，也出现了数字鸿沟、风险外溢和数据治理等方面的挑战。因此，需要重视金融科技的双刃剑效应，推进金融科技向善。一是弥补数字鸿沟，包括加大农村、西部等地区数字基础设施建设投入，强化互联互通，弥合城乡、地区间的数字化建设鸿沟；以及聚焦老年、少数民族、残障等人群日常生活中的高频金融场景，打造适老化、民族版、关怀式移动金融产品，运用智能移动设备延伸金融服务触角，破解群体间的数字化应用鸿沟。二是规范金融科技。坚持规

范金融科技监管和促进发展并重，把握好公平、效率、风险三者间的平衡，保持金融科技在私人收益率与社会收益率方面的基本一致（避免私人收益率远大于社会收益率），稳步推进金融科技助力实现共同富裕。三是完善数据治理。在数据隐私保护与开放共享之间取得平衡，最大限度发挥数据要素的潜在价值。特别是在数据产权界定、隐私安全保护、开放共享和反垄断等问题上取得突破，保证数据资产收益分配上的公平合理。

［本文受中国社会科学院重大课题"浙江省高质量发展建设共同富裕示范区研究"的资助，以及国家社科基金重大课题《宏观经济稳增长与金融系统防风险动态平衡机制研究》（19ZDA095）与国家社科基金重点课题《宏观金融网络视角下的合意杠杆率研究》（19AJL006）的资助。］

在三大超越中准确把握共同富裕的理论基础、实践基础和规划纲领

刘元春

党的十八大以来,坚定不移走共同富裕的道路是习近平总书记治国理政的核心基石之一。党的十九大、十九届五中全会以及中央财经委员会第十次会议更是旗帜鲜明将"全体人民共同富裕取得更为明显的实质性进展"列为初步实现社会主义现代化的核心目标之一,并开始全面布局、全面谋划、全面开启共同富裕战略行动的纲领。这些规划和行动纲领构成了习近平新时代中国特色社会主义思想的重要篇章,开辟了中国特色社会主义共同富裕理论新境界,为扎实推动共同富裕提供了根本遵循和行动指南。全面准确认识和理解这些行动纲领,是有效助推共同富裕的基本前提。

作者系上海财经大学校长。

一、逐步推进共同富裕

必须超越简单的社会运动,从经济、社会和政治等层面认识到共同富裕具有坚实的经济理论、社会理论和政治理论基础,逐步推进共同富裕是我国经济循环畅通、社会秩序和谐、政治基础夯实的必然要求。

习近平总书记指出:"共同富裕是社会主义的本质要求,是人民群众的共同期盼。我们推动经济社会发展,归根结底是要实现全体人民共同富裕。"因此,我国推行的共同富裕不是西方社会理解的以再分配为主体的社会运动,它不仅具有坚实的政治理论基础,同时还具有深刻的经济理论基础和社会理论基础。

人类市场经济史表明,一个国家生产力发展到一定阶段,效率必须与公平相统一,失去公平的经济发展必然会陷入停滞和倒退。根据马克思主义经济循环和再生产理论,共同富裕是国民经济循环实现动态平衡的基础,当收入分配和财富积累分布过度两极化必定会带来有效需求不足,必定导致生产的普遍过剩,导致商品的社会价值难以得到实现,最终导致资源极度错配,并引发全面的经济危机。**因此,当一个经济体生产力发展到一定阶段,就必须将公平放在更重要的地位,有效约束收入分配两极化是实现有效增长和经济循环的前提和必要条件。**

中国特色社会主义经济制度设计在所有制安排和再分配体系中暗含了抑制收入两极分化的有效元素。但目前我国出现的产能过剩、需求不足、居民收入占GDP过低、收入分配GINI系数高居不下等现象表明,我国在现代化新征程中要构建"以国内经济大循环为主体,国际国内双循环相互促进的新发展格局",实现高质量发展,就必须进行发展战略的调整,启动专门战略,更多地关注公平问题,把逐步实现共同富裕作为国民经济循环畅通、实现高质量发展和社会主义现代化的核心着力点和落脚点之一。

现代社会史也表明，贫富差距过大时不仅会导致经济循环不畅，更会带来社会动荡不安。环顾当今世界，不少发达资本主义国家就面临着因为贫富差距拉大而带来的社会问题。**一是**社会阶层在分化和固化中导致社会内部严重分化和分裂；**二是**在社会冲突中导致社会治理体系的崩溃；**三是**在社会对立和动荡之中，民粹主义和民族主义全面抬头，极端主义摧毁了传统社会运行的基础。现代社会学理论和发展经济学都表明，有效控制两极分化，形成橄榄型的收入分配结构是社会和谐和社会稳定的必要条件，也是赶超型经济体跨越中等收入陷阱进入到高收入文明社会的关键所在。因此，当前我国扎实推进共同富裕既是实现和谐社会和美好社会的基础，更是跨越中等收入陷阱，解决新时期中国特色社会主义主要矛盾，促进中国特色社会主义迈向更高阶段社会形态的必然之举。

从政治逻辑来看，实现共同富裕是党的初心，是党对人民的庄严承诺，是党带领全体人民沿着中国特色社会主义道路团结奋斗的旗帜。实现共同富裕目标不仅源于马克思主义的理论和党的基本纲领，同时也源于我们的基本制度安排。在社会主义现代化新征程中，我党要建立更广泛的政治支持，就必须在解放生产力和发展生产力的基础上解决当前全世界面临的收入分配两极分化的难题，就必须通过解决西方社会的收入分配难题来不断彰显中国制度的优越性，就必须通过解决各种不充分不平衡问题，在高质量发展中满足人们美好生活的需要，最大激发出人民群众的创造性。因此实现共同富裕是党巩固执政地位、提高执政能力，带领人民顺利推进现代化进程的内在要求。习近平总书记指出，"实现共同富裕不仅是经济问题，而且是关系党的执政基础的重大政治问题"。

二、推进共同富裕的历史基础和实践基础

必须超越简单的理论逻辑推演，从历史实践的角度来全面把握当前推进共同富裕是中国特色社会主义在完成全面小康目标、乘势而上全面实现现代化的必然选择，当前推进共同富裕具有坚实的历史基础和实践基础。

在两个百年目标交汇之际启动共同富裕行动纲领并非是简单理论推演的产物，而是中国社会主义事业历史发展的必然之举，它具有坚实的历史基础和实践基础。

改革开放以来，将"效率优先、兼顾公平"作为基本原则，一个很重要的原因就是，当时社会的主要矛盾是"人民日益增长的物质文化需要同落后的社会生产之间的矛盾"，我们只有通过打破传统体制束缚，允许一部分人、一部分地区先富起来，通过解放和发展社会生产力才能摆脱贫困。党的十八大以来，随着生产力的快速发展，党中央把逐步实现全体人民共同富裕摆在更加重要的位置上，采取有力措施保障和改善民生，打赢脱贫攻坚战，全面建成小康社会，为促进共同富裕创造了良好条件。**特别是党的十九大报告提出，"中国特色社会主义进入新时代，我国社会主要矛盾已经转化为人民日益增长的美好生活需要和不平衡不充分的发展之间的矛盾"。其中收入分配不公、城乡差别过大、区域分化太大、公共服务不均等、社会福利不统筹等问题成为现代化进程的瓶颈因素，这就决定了我们必须将共同富裕放在更加重要的战略位置之上。**这种战略调整符合历史唯物主义和辩证唯物主义，具有扎实的经济基础、

制度基础和实践经验。

一是经过过去70多年社会主义发展，中国终于在2020年实现全面小康，GDP总量超过100万亿人民币，人均GDP达到1.1万美元，第一次超过世界平均水平，部分区域人均GDP已经达到发达国家水平，财富超过10亿美元的企业家于2020年达到了1058人，大大超过美国，先富起来的目标已经实现。这为我国集中精力通过民生建设、乡村振兴、文化建设来推进共同富裕提供了坚实的经济基础。

二是我国通过社会主义市场经济40年的建设，中国基本经济制度和运行体制基本成熟，中国生产力发展和经济增长开始步入一个相对稳定的轨道，发展这个第一硬道理具有了坚实的保障。这为我们将"公平"问题和共同富裕问题放在更为显著的位置提供了条件。

三是党的十八大以来启动的脱贫攻坚战取得圆满胜利，不仅为我们进一步推动共同富裕积累了丰富的经验，同时也充分证明通过扶贫可以启动内需、可以促进内循环发展、可以激发大众创业万众创新，从而证明中国到了通过公平的提升可以大幅度提升效率的新阶段。

这些基础和条件再加上以"大同"与"共富"为追求的传统文化、以公有制为主体的所有制安排以及以人民为中心的政治制度安排，决定了中国具有大力推动共同富裕的各种物质、文化、社会和制度基础。

当前，世界各国面临收入分配恶化带来的巨大挑战，特别是大量福利主义国家收入分配的再次恶化宣告西方福利主义、凯恩斯主义所倡导的路径在科技创新、金融全球化等因素的冲击下无法解决当前面临的中间阶层消失、高收入阶层收入占比逆势上扬、新要素资本赢家通吃等新问题。大时代呼唤人类必须破解这些超级问题。中国在这样百年未有之大变局中全面启动共同富裕战略，毫无疑问是顺应时代的呼唤，期望通过中国特色社会主义的制度优势与文化优势，为世界提供一套中国智慧和中国方案，进一步彰显中国制度的显著优势。这也将使中国在大国竞争中占领"公平"的话语权。

三、在实践中不断深化对共同富裕的认识

必须超越一般的思想争论，在理论的批判中通过构建科学的实施方案和可实施的路径，在实践中不断深化对共同富裕的认识。

首先，必须通过批判各种对于共同富裕错误的看法和思潮，进一步科学领会共同富裕的核心内涵和基本要义。 理论和思想上的相对共识依然是行动成功的重要前提。中央财经委员会第十次会议明确指出，"要加强促进共同富裕舆论引导，为促进共同富裕提供良好舆论环境"。中央文件和学术界都对共同富裕进行了科学界定，但这些正面的诠释和宣传有时会被误解甚至歪曲。因此，舆论引导不仅要正面解释共同富裕的科学内涵，更重要的还是要针对现有错误的思潮和歪曲的理解进行以下十个方面的批判。

一是要明确共同富裕不是少数人的富裕，而是全体人民的富裕。**二是**要强调共同富裕不是同等富裕或整齐划一的同步富裕，而是普遍富裕基础上的差别富裕。**三是**要明确共同富裕不仅是物质上的充裕，而是在"五位一体"上的全面跃升，既包括物质富裕，又涵盖人民对美好生活向往的方方面面，是物质与精神相统一的富裕。**四是**要强调共同富裕不是历史上出现过的"一大二公"和平均主义。**五是**要强调共同富裕不是劫富济贫的共富，不是改变"两个毫不动摇"，通过侵蚀民营资本，通过产权侵犯而实现的共同富裕，而是依然鼓励勤劳创新致富，"允许一部分人

先富起来，先富带后富、帮后富，重点鼓励辛勤劳动、合法经营、敢于创业的致富带头人"。**六是**要强调共同富裕不是抛弃效率，只谈公平的共同富裕。共同富裕是以高质量发展为基石的共同富裕，是在做大"蛋糕"的基础上分好"蛋糕"，是效率与公平、发展与共享的辩证统一。**七是**要强调共同富裕不是停留在物质财富结果上的公平，而是更多关注机会和过程上的公平，更多在提高受教育程度、增强发展能力、创造更加普惠公平的条件，畅通向上流动通道，给更多人创造致富机会，形成人人参与的发展环境。**八是**要强调共同富裕不是不计成本和无条件的共同富裕，而是要尽力而为、量力而行，把保障和改善民生建立在经济发展和财力可持续的基础之上。**九是**要强调共同富裕不是一蹴而就的共同富裕，而是要坚持循序渐进，一个阶段接着一个阶段持续推进共同富裕迈上新台阶。一个区域接续一个区域达到共同富裕，应当分阶段采取目标，分区域设定方案。**十是**要强调共同富裕是共建共治共享的共同富裕，不能靠政府大包大揽，**必须依靠全体人民共同奋斗，构建初次分配、再分配、三次分配协调配套的基础性制度安排，使市场、政府、道德与社会体系都成为共同富裕推进的有效体系。**

其次，理论的批判和宣传不能代替实践行动。推进共同富裕在实践中进行科学规划与扎实推进，在行动中彰显理论的力量，在实践中不断拓展深化对中国特色共同富裕的理解认识。

一是必须在现代化新征程、新发展格局和高质量发展蓝图中进行共同富裕的顶层设计，利用科学的顶层设计达成共识。必须明确共同富裕不是空想的产物，也不是独立于其他体系的自我范畴，从战略规划上讲，它必须服从于现代化目标、新发展格局战略和高质量发展目标。因此，我们必须以"十四五规划""2035与2050年远景目标"为基本框架，遵循共同富裕的基本逻辑和规律，制定出共同富裕在2025年、2035年以及2050年的目标，以及达到这些目标的可行路径和战略举措。

二是必须在顶层设计的基础上，因地制宜制定不同区域和部分的规划，特别是可以通过"试点、逐步推广"的方式为顶层设计的全面展开积累经验。目前出台的《中共中央国务院关于支持浙江高质量发展建设共同富裕示范区的意见》和《浙江高质量发展建设共同富裕示范区实施方案（2021—2025年）》体现我们将采取渐进模式来逐步推进共同富裕这个艰巨的任务。这也是我们改革开放中取得的宝贵经验。

三是必须明确新时期共同富裕面临的基本前提、主要矛盾和主攻方向，有针对性地设计出攻坚克难的计划。其一，以构建新发展格局，实现高质量发展为基本前提和手段。新时期中国特色社会主义的主要矛盾决定了共同富裕既是目标更是手段，解决不平衡不充分问题的第一落脚点依然在于发展，发展依然是硬道理。因此，如何实现"更加包容、更加共享、更加平等、更加绿色、更加可持续"的发展依然是方案的第一目标，高质量发展是共同富裕的基础和基本保障，共同富裕的顶层设计和基层创新必须把高质量发展的实现作为第一要义。《浙江高质量发展建设共同富裕示范区实施方案（2021—2025年）》的第一举措就是"打好服务构建新发展格局组合拳，推进经济高质量发展先行示范"。**其二，以地区差距、城乡差距、收入差距问题为主攻方向，制订攻坚克难的方案**。共同富裕中面临的不平衡和不充分问题主要体现在地区差距、城乡差距和收入差距等几大方面，因此，共同富裕必须以解决地区差距、城乡差距、收入差距问题为主攻方向，更加注重向农村、基层、相对欠发达地区倾斜，向困难群众倾斜。而解决这些问题必须依靠不同的战略来进行有效推进。未来一段时期我们将以新型城镇化战略和乡村振兴战略解决区域差距过大问题；以区域战略、区域协调战略以及区域性帮扶机制来解决区域差距过大的问题，以"构建初次分配、再分配、三次分配协调配套的基础性制度安排，加大税收、社保、转移支付等调节力度并提高精准性，扩大中等收入群体比重，增加低收入群体收入，合理调节高收入，取缔非法收入，形成中间大、两头小的橄榄型分配结构"来解决收入分配的问题。

寻找金融助力共同富裕的合理路径

李 扬

近年来，共同富裕成为社会各界热议的话题之一。然而，由于参与讨论的人们或出发点不同，或强调重点有别，或秉持立场相异，对于这一关乎社会主义制度本质特征且政策性极强的重大问题，各方面存在分歧。

一、社会主义市场经济制度下实现共同富裕的理论和路径

2021年末召开的中央经济工作会议结束了这种各执一词的场面，为共同富裕确定了明确的遵循。**其要点有三。其一，**要正确认识和把握实

作者系中国社会科学院学部委员、国家金融与发展实验室理事长。

现共同富裕的战略目标和实践途径。在中国特色社会主义制度下，既要不断解放和发展社会生产力，不断创造和积累社会财富，又要防止两极分化。**其二**，实现共同富裕目标，存在不可颠倒的逻辑次序。首先，要通过全国人民共同奋斗把"蛋糕"做大做好，增大共同财富；其次，通过合理的制度安排，把"蛋糕"切好分好。在这里，设定合理的分配制度，使之成为社会主义市场经济制度的有机组成部分，显然是切好分好蛋糕的前提条件。**其三**，实现共同富裕是一个长期的历史过程，不可能一蹴而就，因此，要在明确的战略指引下，制定完备、系统的实施方案，稳步朝着最终目标迈进，**任何可能"把长期目标短期化、把系统目标碎片化、把持久战打成突击战"的做法都贻害无穷。**

2021年11月24日，刘鹤副总理在《人民日报》发表了署名文章《必须实现高质量发展》，对共同富裕的理论和实现路径进行了全面阐述。文章指出："进入新发展阶段，以习近平同志为核心的党中央把实现全体人民共同富裕摆在更加重要位置上。"这就告诉我们，实现共同富裕，是社会主义市场经济体制的本质要求，而且，进入新发展阶段之后，由于"富起来"的目标已经基本实现，追求共同富裕更为重要。因此，"我们必须坚持通过推动高质量发展、通过共同艰苦奋斗促进共同富裕，必须最为广泛有效调动全社会积极性能动性，提升全社会人力资本质量和专业技能，扩大中等收入群体"。这段话指出了共同富裕的精髓，充分体现了马克思主义劳动第一的立场，这就是：**共同富裕以共同奋斗、勤勉劳动和共同创造为必要前提，因此，必须建立一套激励相容的机制，依托它，动员广大人民群众的积极性和能动性，让最广大的人民群众参与"做大蛋糕"的过程。**更重要的是，我们必须通过这样的社会过程，**最广泛和最大限度地提升全社会人力资本质量和专业技能，让劳动者的多数**

通过自己的诚实劳动，进入"中等收入群体"，为共同富裕贡献力量。在进行了这些深刻的理论阐述之后，文章尖锐地指出：实现共同富裕，"不搞平均主义，不搞杀富济贫、杀富致贫，避免掉入福利主义陷阱"。这里的两个"不搞"，给出了明白无误的政策指向，即共同富裕的目标不能通过非经济的甚至是暴力的途径实现，而且，必须同在中国流传千年的"平均主义"流弊和在西方国家流行的"福利主义"传承严格划清界限。

中央经济工作会议文件和刘鹤副总理的文章，全面、系统且无歧义地阐述了社会主义市场经济制度下实现共同富裕的理论和路径。

二、实现共同富裕的抓手

实现共同富裕，需要找到适当的抓手，那些承载着大多数中低收入群体创造收入的小微企业、农村合作组织以及方兴未艾的"零工经济"等正是这样的抓手。这意味着，扎扎实实支持这些经济主体的发展，为"就业优先"国策贡献力量，为尽可能多的人口创造能够通过自身诚实劳动致富的机会，应是助力共同富裕的根本途径。

分析我国目前的就业格局，有助于我们了解这个问题的复杂性。

从近年的情况看，我国就业的总体状况良好，但是，在结构层面，出现了若干不容忽视的新情况。

以2021年前三季度为例。虽然我国总就业人口中，16～60岁人口的失业率不到5%，但分年龄段看，16～24岁群组的失业率为15.4%，而20～24岁群组的失业率高达20%以上。这说明，中国存在严重的结构性失业问题。无须赘言，总人口中青年人失业率畸高，涉及的社会问题就远不止失业了。我国就业领域的另一突出问题是，创业对就业的边

际带动能力日渐趋弱——平均每新增一个市场主体对应的城镇新增就业数量，从2015年的0.9个，持续下降到2020年的不足0.5个。**换言之，市场主体增加较快较多但新增就业相对较少。**

进一步分析市场主体的结构，有助于认识真正的问题所在。截至2021年2月底，我国共有在业/存续的市场主体1.44亿家，其中，企业4457.2万家（大企业18.5万家），个体工商户9604.6万家。这表明，中国的市场主体绝大部分是中小企业和个体工商户，所以，**就业政策的重点、金融支持实体经济发展的着眼点**，必须放在这1亿多个中小企业和个体工商户上。

重新认识中小企业的关键作用迫在眉睫。 目前，与中小企业相关的"五六七八九①"这一概括大家已经耳熟能详了，但是，既然占据如此重要的地位，为何中小企业的发展总是摆不到重要位置？这中间存在对中小企业作用认识不足的问题。

在多数人看来，虽然中小企业不可或缺，但是站在社会总体的角度上看，它们只是配角，充其量只是大企业的补充，支撑社会经济发展的主要支柱还是大企业。这种认识存在误区，准确地说，这是一种基于传统工业化时代的企业发展理念，人类社会进入信息化、数字化和网络化之后，这种认识就已经落伍了。

重新认识中小企业在社会经济体系中不可替代且日益重要的作用，可以沿着两个方向展开。第一，中小企业本就是就业主体。这一点应无歧义。**第二**，中小企业是创新主体。对此，人们的认识并不充分。应当

---

① 2018年，国务院促进中小企业发展工作领导小组第一次会议召开，会议提出中小企业具有"五六七八九"特征，即中小企业贡献了50%以上的税收，60%以上的GDP，70%以上的技术创新，80%以上的城镇劳动就业，90%以上的企业数量。

看到，创新特别是颠覆性创新，大企业一般都不会积极参与。因为，创新意味着要打破"舒适圈"，意味着要打破由其自身建立的秩序，意味着要废止由其设立的条条框框，意味着要重组其自身在其中已占据垄断地位的产业体系，在财务上，则意味着可能要处理大量的与旧技术和旧工艺相关联的沉没成本等。中小企业则不然，它们欢迎飞速发展的科学技术和相应的社会经济结构变革，因为它们不怕打破"条条框框"，它们只有对未来美好的期望和超越现状的激情。所以，创新特别是颠覆性创新，大都产生自中小企业。

实践上，**中小企业的发展方向大致有三个。第一个方向是成长为大企业**，从中很可能会成长出大量高新科技企业甚至所谓的"独角兽"。正是基于这种认识，不久前设立的北京证券交易所，直接就把服务对象定位在"专精特新"小企业。**第二个方向便是融入现有的社会分工体系**，以大企业为核心，以服务大企业为基本功能，成为大企业的合同商和配套机构。第二次世界大战后的日本和20世纪我国珠三角地区、长三角地区就遍布着此类中小企业。这些企业环绕着少数大企业设立，形成以大企业为龙头的企业群体，并沿着产业链依托层层相扣的供求契约发展起供应链金融或产业金融。**第三个方向是相对独立地生存和发展**，并依托日益发达的各种平台、网络、中介、通道等和社会联系在一起，成为日益发达的社会化经济体系中不可或缺的节点。我们发现，现实中，这种与现有大企业之间并不存在任何"统属"关系的小微企业，其数目呈几何级数增长。

三、"零工经济"长足发展

承载着中低阶层人群就业机会的经济机制，不只是小微企业。人们

发现，越来越多的就业者选择了"灵活就业"，并促成了"零工经济"长足发展。

如今，我们已经进入以服务化、数字化、信息化、网络化、智能化、平台化为基本特点的第四次工业革命时期。这次工业革命和以前数次工业革命不同，它是高度数字化、网络化和信息化的，因此，其基本倾向是去中心化。**在这种趋势下，企业的形态发生了天翻地覆的变化。**不仅企业的规模会越来越小，数量越来越多，更重要的是，在中小企业之外，出现了一些并不确定地隶属某一具体企业的"打零工者"，而且其规模急剧增长。据人力资源和社会保障部公布的数据，2020年我国"灵活就业"之从业人员规模已经达到2亿人。

"零工经济"的内容极为广泛，既包括外卖、快递等体力劳动，也包括借助线上平台远程开展业务和交付等，如线上法律和金融咨询的专业化服务、创意和多媒体服务、线上营销支持、软件和技术开发、写作与翻译等。**简言之，个人经营、非全日制以及新就业形态，是灵活就业的主力军。**

很多被工业化时代之旧观念禁锢的研究者，习惯于将人们从事零工经济视为"临时性的"、认为其是"走向正式就业之前的过渡阶段"。**这看漏了"零工经济"作为最现代、最前沿的科学技术之产物的本质，看漏了它们具有冲击现行产业、企业格局的强大潜力，看漏了"零工经济"作为现代化最新发展的社会组织形态的节点的重要地位。**麦肯锡的数据显示，大约70%的自由职业者是"自愿"打零工，而且，与传统行业的人群相比，他们对自己的工作"似乎更为满意"。在当今欧美等发达经济体中，有10%～15%的适龄工作人口通过打零工谋生，还有10%～15%的人口把打零工作为主业之外的副业。

对于这种现象，国际社会早有研究。2019年世界银行公布了一份研究报告，名为《工作性质的变革》，描述了很多发生在产业和就业领域中的最新情况，其中特别指出："近十年来，以人工智能为代表的技术爆炸正在重塑新一轮的就业和社会经济的格局，零工经济以后可能会成为企业和就业主体。"

清华大学社会科学学院经济学研究所于2020年发布了题为《互联网时代零工经济的发展现状、社会影响及其政策建议》的研究报告，更加清晰地向我们展示了"零工经济"的发展前景。**统计显示，"零工经济"正日渐成为推动新就业形态的重要力量和促进国民经济高质量发展的新增长点。**2019年，中国"零工经济"对GDP总增量的贡献度为10.43%，预计到2035年，这一比重将增至13.26%，占GDP的比重将达到6.82%。

在信息化的背景下，规模日益增长的中小企业和"打零工者"们并非是离群索居地"单干"，更非是农耕经济下的与世隔绝的个体经济的翻版，而是通过网络、平台、通道等密切相连，共同组成了日趋一体化的大社会。

四、实现共同富裕，需要多策并举，协调推进

不同政策体系发挥作用的路径、环节、力度和效力存在差别，用之助力共同富裕，首先必须仔细甄别它们的再分配效应。

财政政策显然是促成共同富裕的利器，因为，无论是财政收入（税收）还是财政支出，所有政策工具都有着极强的再分配效应。**事实上，人们所说的有助于实现共同富裕的国民收入"二次分配"，主要指的就是以财政政策为主体的再分配机制。**

金融助力共同富裕的机制，与财政政策迥异。这种差异归因于两大政策体系运行机制的根本差异——财政的收支基本以"无偿"和"强制"为特征，而金融的运行则以"有偿"和"回流"为特征。这种基本特征的差别决定了，**金融助力共同富裕基本上不可能沿袭"让利"的路径，因为这样做，金融也就不存在了。**

政策性金融可能是助力共同富裕的主要机制和途径。在这里，使用了最广泛意义上的政策性金融概念——把基于风险来作出融资决策并据以定价的金融活动称为商业性金融，除此之外的其他各种金融安排，则都或多或少具有政策性。

金融性、政策性和优惠性是政策性金融的三个本质规定。政策性金融的本质是金融，就是说，作为金融的一种形式，它与其他种类的金融活动相同，都是一种在一定期限内以有偿让渡资金的使用权为特征的资金融通活动，因而都具有在约定期限内回流和有偿性两大特征。区别则在于政策性和优惠性。所谓政策性指的是，它们是为了实现政府的特定政策目标而设定和实施的；所谓优惠性则指的是，这些金融活动在资金的可得性（信用认定、抵押和担保条件等）和成本（利率和费用等）等方面，与商业性金融存在差别。政策性金融并非基于风险来作出融资决策并据以定价的，也就是说，"利率覆盖风险"这一金融运行的铁则在这个领域并不通行，政策性金融通常都与财政政策手段配合施行。

循着政策性金融的发展思路，我们看到，**政府和金融管理部门积极推行多年的普惠金融和小微企业贷款，是迄今为止比较成熟、成体系的助力共同富裕的抓手**。但是，必须用金融科技对现有的普惠金融体系和小微企业融资体系进行深度改造，使之更广泛深入地触达弱势群体和广大的小微企业者，为他们持续提供必要、可承受、有尊严的金融服务，助力他们提升人力资本质量和专业技能,进而获得依靠自身诚实劳动走上富裕之路的能力。

支持灵活就业人群的金融支持机制则须尽快研究。 实践显示,"零工经济"的最主要特征,是对互联网技术和各类平台及通道的依赖,因此,支持各类平台、网络、通道健康发展,将数以千万计的小企业和打零工者联结成为发达的社会网络,并进一步与区域市场、全国市场乃至全球市场密切勾连,是未来就业和产业发展的重要方向。

既然网络、平台、通道等是"零工经济"发展并吸纳数以千万计就业人口的主要依托,既然提升广大打零工者和中小企业的人力资本和专业技能是实现诚实劳动基础上的共同富裕的主要路径,**所谓金融助力共同富裕,其着力点便是要大力发展区块链、大数据、互联网、物联网、人工智能,大力支持经济金融的数字化发展,大力推行金融科技,创造并支持各类平台、网络和通道健康发展,并以此为抓手,可持续地向"零工经济"和小微企业们提供金融服务;相应地,我们的货币金融政策和金融监管政策也应围绕着为这些活动提供规范和便利的条件而设计和施行。**

贰 金融促进共同富裕的路径与抓手

合理发挥央行职能，助推实现共同富裕 / 王 信

共同富裕与科技向善 / 刘晓春

金融三方面助力实现共同富裕 / 张 明

金融科技助力共同富裕的重点与对策分析 / 杨 涛

以文化金融促进精神生活共同富裕 / 金 巍

合理发挥央行职能，助推实现共同富裕

王 信

中央财经委员会第十次会议强调，要坚持以人民为中心的发展思想，在高质量发展中促进共同富裕。央行全面高效履职，与实现共同富裕目标具有内在一致性。本文重点从央行维护货币稳定和金融稳定，支持实体经济，提高普惠金融水平，深化金融市场改革开放等方面谈央行促进共同富裕的实践和思考。

一、维护物价稳定，促进充分就业，保持宏观经济平稳运行，为缩小贫富差距创造适宜货币金融环境

一是从货币政策整体取向来看，由于低收入者高度依赖工资收入，

作者系中国人民银行研究局局长。

财产的很大比重是银行存款，通过坚持实施稳健的货币政策，不搞大水漫灌，可有效避免高通胀和严重的资产价格泡沫，保障低收入群体增加收入及财富保值增值。

二是从货币政策的支持重点来看，优化结构性货币政策，有针对性地支持低收入群体增收和绿色低碳发展。国际金融危机之后，发达经济体央行开始较多采取结构性货币政策措施，支持小微企业等发展。我国较早地创新和运用结构性货币政策工具，大力支持"三农"、小微企业、脱贫攻坚和乡村振兴，在扶弱助贫、缩小收入差距方面成效显著。

特别是2020年，为应对新冠疫情冲击，人民银行先后三次设立专项再贷款和增加再贷款再贴现额度共计1.8万亿元；还通过普惠小微企业贷款延期支持工具和普惠小微企业信用贷款支持计划，切实缓解小微企业融资困境。

由于低收入者较为缺乏财产保险和人身保险，气候变化导致的极端天气、自然灾害对低收入群体冲击更大，中央银行和有关部门积极推动绿色低碳发展，我国较早构建了绿色金融体系，近期还推出碳减排支持工具，以精准直达方式支持清洁能源、节能环保、碳减排技术的发展，以及设立支持清洁煤高效利用的再贷款。完善金融支持绿色低碳转型的基础建设，发布新版绿色债券支持项目目录，扎实推进碳排放信息披露和绿色金融评价。加强绿色金融的国际合作，中欧推出《可持续金融共同分类目录》。

三是货币政策更加注重就业目标。我国货币政策的目标是维护物价稳定，支持经济增长。尽管我国尚不具备将就业目标纳入货币政策框架的条件，但在应对新冠疫情冲击中，为"稳企业、保就业"而出台的结构性货币政策更关注就业目标，有效支持了中小企业、民营企业的就业吸纳能力，保障了低收入群体劳动收入的稳定性、持续性。

二、保持金融稳定，促进经济平稳增长，更好维护低收入群体利益

低收入群体往往风险意识薄弱，对金融风险的承受力较弱。近年来，我国切实加强和完善金融监管，**将防范化解重大风险作为三大攻坚战之首，重视防范和化解金融风险。**

一是健全存款保险机制，多措并举，防范并化解问题金融机构风险。及时处置问题金融机构，支持中小银行多渠道补充资本金。推进农村商业银行等机构专注于"支农支小"主业，促使其立足本土，抑制跨区经营。充分发挥存款保险机制作为防范和化解金融风险、维护金融稳定制度性安排的重要作用。

二是促进房地产金融市场良性发展。坚持"房住不炒"理念，围绕"稳地价、稳房价、稳预期"目标，加强房地产金融审慎管理，加快完善住房金融政策体系，维护房地产市场平稳健康发展，维护住房消费者合法权益。这对中低收入者而言尤为重要。

三是趋利避害，加强和完善平台企业金融监管。适应数字经济发展需要，努力遵循市场化、法治化原则，全面清理整顿互联网违法违规金融活动；强化平台企业金融活动监管，明确要求其金融活动全部纳入金融监管，所有金融业务必须持牌经营，消除监管套利。加强对大型互联网平台业务的穿透性监管，增强业务信息披露全面性和透明度，维护广大金融消费者权益。

四是探索并完善跨境资金流动宏观审慎管理，不断增强人民币汇率

弹性。我国中小企业较多参与对外经济活动，但它们普遍缺乏避险工具，对国际经济风险承受能力较弱。人民银行持续深化汇率形成机制改革，更好发挥弹性汇率的"自动稳定器"作用。建立并优化跨境资本流动宏观审慎管理框架，推出外汇风险准备金、完善人民币中间价定价机制、构建本外币一体化的全口径跨境融资宏观审慎管理等措施，有效防范了跨境资金无序流动冲击。

三、大力发展普惠金融，改善金融服务

全球范围内，大量低收入群体缺乏基本金融服务，无法利用金融工具扩大生产，增加收入，这是造成贫富差距扩大的重要原因之一。我国高度重视普惠金融发展，**目前已基本建成与全面建成小康社会相适应的普惠金融服务体系，存款贷款、支付清算、信息查询等基础金融服务的便利性和普惠性走在了世界前列。**

一是基础金融服务基本实现全覆盖。 至2020年末，银行网点乡镇覆盖率达97%，农村地区基本实现乡乡有机构、村村有服务、家家有账户。金融消费权益保护力度持续加大。

二是"三农"、小微企业融资服务显著改善。 普惠小微贷款实现"量增、价降、面扩"，截至2021年6月末，普惠小微贷款余额17.7万亿元，同比增长31%；支持小微经营主体3830万户，同比增长29.2%。信用信息服务的改善，大大缓解了信息不对称，便于对小微企业、农户开展信用评价，极大地便利这些群体获得信贷服务。

三是数字普惠金融较快发展。 例如，我国移动支付便民场景多、用户体量大，其业务量、处理效率、覆盖面均居世界领先水平。金融机构

依托数字技术不断延伸服务触角，创新完善线上信用贷款、在线供应链金融、数字农业保险等产品和服务。一些机构探索打造线上综合金融服务平台，一站式满足小微企业各类金融服务需求。

通过设立试验区探索普惠金融发展经验。例如，浙江台州通过建设金融服务信用信息共享平台和小微企业信用保证基金，运用各类信息交叉验证等方式，有效缓解了小微企业融资难、融资贵问题。河南兰考围绕"普惠、扶贫、县域"三大主题，充分利用数字技术，显著提高了农户贷款获得率。

四、推动金融市场发展，便利中小企业融资和增加居民财产性收入

央行推动金融市场发展，有利于改善货币政策传导，支持各类市场主体融资，提高普惠金融水平。发展货币市场，完善多层次资本市场体系。特别是深化发展银行间债券市场，通过中小企业集合票据等融资工具，拓宽中小企业直接债务融资渠道；创设扶贫票据和乡村振兴票据，支持精准扶贫。**截至2021年上半年，银行间市场累计支持超过4600家企业发行债务融资工具55万亿元，余额约13.27万亿元**。大力发展外汇市场，丰富外汇衍生品工具，服务企业套期保值需求。

下一阶段，我国经济发展面临的不确定性还很多，货币金融政策在支持疫情之后经济复苏、促进共同富裕方面可发挥积极作用。

一是根据国内外形势变化，密切关注欧美货币政策可能收紧的影响，继续实行稳健的货币政策，保持流动性合理充裕，用好结构性货币政策，更有效地保就业、保民生。

二是通过发行地方专项债等形式及时补充银行资本金，央行可为债券发行创造良好的流动性环境；因地制宜推动农信社改革，加大不良资产处置力度，有效化解问题中小金融机构风险，提高其服务实体经济特别是小微企业的能力。

三是不断完善绿色金融体系，更好地动员社会资金投资于绿色产业和传统高碳行业的低碳转型，创造更多就业机会。

四是大力发展绿色市政债等绿色金融产品，在防范风险的前提下，支持养老基金进行资本市场投资，便利普通民众增加金融投资，提高财产性收入。

共同富裕与科技向善

刘晓春

共同富裕，是政治选项，不是单纯的经济选项。中国共产党人说"不忘初心"，就是庄严的政治承诺。改革开放初期，面对百业待兴的特殊情况，提出"让一部分地区、一部分人先富起来"，目的就是让先富起来的地区和人"带动和帮助其他地区、其他的人，逐步达到共同富裕"。所以，这个承诺是一贯的，只是在不同历史时期，有不同的背景，有不同的战略和措施。

现在，"让一部分地区、一部分人先富起来"的阶段性目标已经实现，并且历史性地消除了绝对贫困。同时，在前一阶段我国经济的快速发展过程中，也一定程度上出现了收入差距扩大的趋势。在这样的背景下，中央定调共同富裕就是要实现让先富起来的地区和人"带动和帮助

作者系上海新金融研究院副院长。

其他地区、其他的人,逐步达到共同富裕",并且对共同富裕的目标和实现的方式给出了明确的定义。

一、正确理解共同富裕

共同富裕是一个逐步达至的过程,不可能一蹴而就,要在发展中逐步实现,通过增量财富的创造来实现。共同富裕,不是平均富裕,不是同步富裕,不可能靠对存量财富的均贫富实现。在一个人口大国消除绝对贫困,是人类历史的奇迹,靠的是40多年坚持不断的改革开放,靠的是全国人民不断的勤奋努力,是在增量财富的创造中实现的。

共同富裕,不是单纯的个人或家庭货币收入上的富裕,而是包括人民充分、公平享受公共福利和公共服务的富裕,更是人的全面发展意义上的富裕。 所以,二次分配、三次分配不是杀富济贫,不是通过二次分配、三次分配把货币直接转移支付给个人或家庭。通过二次分配、三次分配,改善公共服务、公共福利,创造更好的市场环境和社会环境,让广大人民有更好的生活环境、学习环境和工作环境,有更充分的学习机会、就业机会,也就是说,让广大人民有更充分的通过自身劳动创造财富、追求幸福的机会。

要创造更多的财富,实现共同富裕,就必须进一步推进市场的发展,推进科技创新,发挥金融在市场中有效配置资源的作用。

正因为有市场、有金融,人类更需要探索共同富裕之路。市场、金融,和科技一样,助力人类创造了巨量的财富,使得地球能够养活越来越多的人,推动了人类社会的发展。因为有市场,人类细化分工成为可能。分工,提高了人的专业技能,提高了人类的生产力,促进了人类科技和文化的产生和发展。人类通过金融活动，加快了财富的积累速度，提高了扩大再生产的速度和能力，提高了资源配置的效率，强化了技术转化为财富的速度和能力。科学技术对人类财富创造的作用，更不待言。没有科学技术的发展和应用，恐怕人类历史都无从谈起。

但很遗憾，市场、金融、科技并没有给人类社会带来共同富裕，无法消除人类社会的不平等和贫困现象。也就是说，**市场、金融、科技，对人类发展的总体作用和对不同历史时期、不同地域、不同群体、不同个人的作用不是同步的、同向的。**

市场固然有其自身的逻辑，市场的运作原理在理论上可以自洽，但在现实中却与政治、文化、军事等相互作用，也与社会人的理性与非理性行为交互影响。

就市场说，供需会因为价格的变动而趋于平衡，或者说，供需的失衡会导致价格的变化，价格反过来影响供需，最终达至相对均衡。但由不均衡到相对均衡是一个过程，不是瞬间。至于市场均衡，则可能仅仅是一瞬间，恐怕没有人能感觉到市场均衡曾经存在过。**人们以为的市场均衡，实际上只是人们感觉市场波动比较不是那么剧烈，甚至是市场波动剧烈时对剧烈波动前的回望。**当市场失衡时，各市场主体无论是机构还是个人，都不会单纯等待市场的均衡。他们的一切行为，既是经济的，也是社会的，因此，在市场达到均衡前，整个社会就有可能失衡。因此，历史上许多恶性通货膨胀，导致的往往不是供应的快速增加，而是政治动荡和政府更迭。**所以，"看得见的手"之所以出手，往往并不是因为政府要干预市场，实在是"无形之手"挑逗的。经济学家却总是归罪于"看得见的手"。**

"劳动者的普通工资……劳动者盼望多得，雇主盼望少给。劳动者都想为提高工资而结合，雇主却想为减低工资而联合。"

"雇主的人数较少，团结较易。加之，他们的结合为法律所公认，至少不受法律禁止。""据说，工人的结合常常听到，而雇主的结合却很少听到。可是，谁要是因此认为雇主实际很少结合，那就未免昧于世故，不了解这问题的真相了。雇主们为使劳动工资不超过其实际工资率，随时随地都有一种秘而不宣的团结一致的结合。"这可以说是一种自然结合。"对于雇主的这种结合，工人们往往也组织对抗的防御性结合。""他们的结合，无论是防御性的或是攻击性的，总是声闻遐迩。为求争点迅速解决，他们老是狂呼呐喊，有时甚至用极可怕的暴力。他们处于绝望的境地，铤而走险，如果不让自己饿死，就得胁迫雇主立即答应他们的要求。这时，雇主也同样喧呼呐喊，请求官厅干涉，部分因为雇主较能持久，部分因为大多数劳动者为了目前生计不得不屈服，往往以为首者受到惩罚或一败涂地而告终。"以上是亚当·斯密在《国富论》中的叙述。亚当·斯密是现代经济学之父，"看不见的手"的发明者，也是政府不干预市场论的祖师。他的这段描述，很好地说明了现实中经济人与政治、与政府的关系。在《国富论》中，此类描述比比皆是。现实中的人，无论是个人还是群体，既是经济人，也是社会人或政治人。

趋利避害，是人的本性，是奇妙市场机制的根本推动力，也是经济学所谓的理性人假设。 实际上，人类的许多发明创造、灾难动荡、战争革命，都是这个根本动力推动的。市场、金融、科技，其本身无所谓善恶。趋利，无论是国家、族群、机构还是个人，都是正常的。所谓"理性人"，人都会趋利避害，仅此一点是理性的，并不是说人在趋利避害过程中的行为始终是理性的，所以，"理性人"只是假设。故而，人在追求利益中的行为是不确定的，其结果也是不确定的。也因此，人与人之间相互作用的结果更具有不确定性。当然,某人或某机构趋利行为的结果,一般是对自己有利,但是否必定对他者有利、对社会有利,则不是确定的,甚至对自己也不一定有利。有时,一个市场参与者所得之利,可能远远低于其他人或者社会的损失。这就是再发达的市场经济体,依然存在贫富分化,不得不有社会福利制度的缘故。

金融是人类最伟大的发明之一,比许多科学发明不遑多让,与文字、哲学等一样对人类社会发展及生活影响至巨。金融的本质就是债权债务(股权实质上就是永续的债权),是建立在信任基础上的逐利行为。然而,因为逐利,又往往背离信任,与信任形成拉扯,或在信任与欺诈之间徘徊。债务是杠杆,杠杆越高,可能获得的利益越大。但一旦出现风险,除非当下破产,或许需要更高的杠杆以期能覆盖前期杠杆的损失。于是,为了获得更大的收益或覆盖前期的损失,本来依靠信任维持的债务就走向欺诈,所谓庞氏骗局是也。所以,金融的信任与欺诈,只是一纸之隔,一念之差。

金融加快了社会财富的周转速度,加速了社会资本的积累,极大地推动人类科技的进步、财富的加速创造,也因为这样的机制,金融给社会带来财富集中和收入差距扩大的困境。 因此,无法单纯用道德来定义金融的好与坏、善与恶。我们固然可以对创造金融者或应用金融者评判好与坏、善与恶,也可以对金融的结果评判好与坏、善与恶,但没有办法对金融本身评判好与坏、善与恶。

因为市场、金融、科技本身没有善恶,但其结果对人类社会而言,有时会有善恶之别,或者说既有有利的一面,也有破坏的一面。 比如,金融最基本的功能,就是将社会上闲置的、分散的、小额的资金集中起来,投入到扩大再生产中。因为资金的集中,才会产生加速资本积累的作用，才能实现社会财富的快速增长。但也正因为资金的集中，有可能会引发资本的无序扩张，这一方面可能带来更大的不平等，另一方面可能带来系统性风险隐患。因此对于市场、金融、科技的运行，在鼓励创新的同时，不能放任自流，需要有法律、监管、道德、文化等的约束与调节。二次分配、三次分配也是这样的约束和调节手段。

市场、金融，如同科技，不是万恶之源，是人类社会的天然伴生物，是促进人类社会进步的决定性要素，人类无从回避，恐怕也不能消灭。我们要实现共同富裕，依然需要市场、金融和科技。当然，也不是要否定资本的积累与扩张，而是要约束和防止资本的"无序"扩张。因为新财富的创造，依然需要资本的持续积累和扩张。

亚当·斯密在《国富论》中说："对工资劳动者的需求，必随一国收入和资本的增加而增加。""然而，使劳动工资增高的，不是庞大的现有国民财富，而是不断增加的国民财富。因此最高的劳动工资不在最富的国家出现，却在最繁荣，即最快变得富裕的国家出现。"由此，我们也可以看到，**共同富裕只有在社会财富的不断创造中才能实现，一个停止发展的社会是不可能实现共同富裕的。**

一、二、三次分配，需要相互配合，相互配合的关键是善于发挥市场机制的作用和金融配置资源的功能。二次分配、三次分配，并不是独立于一次分配之外，而是建立在一次分配的基础之上。只有不断扩大的财富创造，才可能有不断增长的一次分配。也只有在不断增长的一次分配基础上，二次分配、三次分配才有可能不断增长。因此，可持续的二次分配、三次分配，必然有利于市场的发展，能促进实现有效的一次分配。有效的二次分配、三次分配，不产生养懒汉的副作用，同样需要借助于市场机制的作用。通过二次分配、三次分配的引导，在促使一次分配充分发挥市场效率的同时，实现相对的公平。

二次分配、三次分配的结果，主要的不是体现在个人货币收入上，而是体现在这样一些方面：更加丰富、公平的公共服务、公共福利，比如，教育、养老等；更加丰富的公共设施和友好的生活环境；更加公平的法治和营商环境；促进更加活跃的市场发展，提供更多的不同类型的就业岗位；有效的困难救助体系等。

削峰填谷式的二次分配、三次分配，是传统"均贫富"的思维方式，无异于劫富济贫，将会扼杀市场机制的作用，最终只可能共同贫困，不可能共同富裕。富裕的源泉始终是劳动和创造，共同富裕同样来自每一个人的辛勤劳动和努力创造。通过合法的劳动，获得财富，是每个人的权利。共同富裕不是鼓励不劳而获。我们要尊重劳动，尊重创造，同样要尊重财富。尊重财富，就不能让仇富心理泛滥。仇富心理，仇富行为，可以说是对共同富裕的反动。如果以共同富裕为名，仇富、民粹式的二次分配、三次分配，必然导致共同贫困。

人类历史上，劳动创造财富的最佳场景，始终是市场。二次分配、三次分配，不是否定市场，排除市场，而是约束市场、调节市场，从而促进形成更好的市场，让所有人都有良好的机会通过合法劳动过上富裕的生活。金融作为市场配置资源的有效手段，在促进市场向善方面，是大有作为的。

二、金融支持实现共同富裕要做好三方面工作

共同富裕，是一项普遍性的伟大工程，也就是说，不是针对特定群体的，而是面向全体人民、整个社会的。金融支持实现共同富裕，与金

融支持"三农"、发展普惠等不同。"三农"、普惠等,面向的是特定的领域或群体,所以在大金融中分出服务"三农"金融、普惠金融等。金融支持实现共同富裕,不是要单独搞出一个"共富金融",而是在普遍意义上金融活动要有利于实现共同富裕。普惠金融等是被包含在金融支持实现共同富裕中的。

市场、金融要促进共同富裕,就要抑制其可能的负向作用,通过各种政策手段,包括二次分配、三次分配,引导其向善的作用。就金融而言,可以做以下三方面的工作。

(一)金融服务向善

首先,发展普惠金融。

金融支持实现共同富裕,普惠金融是题中应有之义。但在发展普惠金融、支持共同富裕中,必须始终明确,**普惠金融不是三次分配,不是慈善救济,依然是市场机制下的资源配置,是金融机构的经营行为,必须商业可持续**。所以,普惠金融不是简单地、不分对象地普遍提供贷款,更不是提供利率优惠贷款。普惠金融具有丰富的内涵,有巨大的创新空间,并不仅限于贷款。

普惠金融是要为广大弱势人群提供适当的可负担的金融服务。弱势群体,不是单纯指"小",也不是单纯面向个人。比如,消费信贷,其服务对象是广大个人,但有消费信贷需求的并非都是弱势群体,反而更多的是中等收入人群。消费信贷只是满足人们在未来收入有保障前提下的提前消费需求,没有改善和提高个人和家庭生活水平的功能。个人和家庭生活水平的改善和提高,需要的是收入的提高。真正的弱势人群,没有收入,或者收入很少,如果有劳动能力,需要的是就业机会以获取收入；如果没有劳动能力，需要的是社会补助和救济。给这样的弱势群体贷款，不仅不能改善他们的生活状况，反而是雪上加霜。**所以，消费信贷，无论是小额还是以互联网金融的名义，一般意义上都不能算是普惠金融。**

对于广大弱势群体，在金融方面首先需要的是现代经济条件下的银行账户和支付服务。因为现代经济运行和金融服务，都是建立在有效的银行账户及相应的支付体系上的。尤其是数字经济快速发展的今天，消除弱势人群，特别是老年人群的数字鸿沟，更是银行账户服务和支付的首要任务。

普惠金融需要创新提供各类保险服务，如就业保险、医疗保险、教育保险、旅行保险、职业病保险等，为各类弱势人群提供托底服务，**在共同富裕的道路上不会因为人生中的一些意外导致返贫或滑落社会底层。**

随着老龄社会的来临，老年群体将是未来社会主要的弱势群体。发展养老金融应该是普惠金融的新课题。之所以说老年群体是弱势群体，首先是因为养老的资金来源问题。以现代的医疗卫生条件，一个人退休后，尚有30年左右的生命时间。养老第一支柱——基本养老保险和第二支柱——企业年金，本身已经捉襟见肘，更不足以维持如此长的退休时间。所以，**应当把大力发展第三支柱商业养老资金作为普惠金融的重要内容。**商业养老资金可以有多种形式，保险、基金、理财等，都大有文章可做。其次是因为只有养老资金，并不能真正解决未来老年群体的养老问题。进入现代社会，家庭的范围越来越小，代际之间不仅不生活在一个屋檐下，甚至不生活在一个城市。代际之间，各有各的生活，各有各的事业。在这样的情况下，像传统社会那样由晚辈抚养长辈的居家养老实际上是不现实的。当老人逐渐丧失生活自理能力，如何能有尊严地生活，就不仅是钱所能解决的问题。因此，**注重家庭资产配置类的财富管理业务，不仅要从保值增值角度提供养老理财，更要从养老资金安排使用角度考虑养老信托模式。**也就是说，不仅是养老资金的信托管理，更是养老方式的信托管理。这就如同家族财产传承一样，不仅要保值增值，更要按信托人的要求，分配资产，监督资产的使用。养老信托，是指当老人失去社会自理能力，要帮助老人安排适当的养老机构或护理人员，并持续监督养老机构或护理人员的服务质量，保障老人的社会尊严和权益，直至老人去世安排后事。

普惠金融更是要大力发展小微金融服务。服务小微企业，提供贷款不是最重要的，最重要的是提供良好的账户和结算服务，加快资金流通，减少小微企业不合理的应收款占用，降低融资总规模和融资总成本。

其次，金融支持共同富裕，必须大力推动ESG投资。

ESG投资，又称可持续投资，指在投资实践中融入ESG理念，在选择投资项目或企业时，除了基于传统财务分析外，还要通过E（environment 环境）、S（society 社会）、G（governance 公司治理）三个维度考察企业中长期发展潜力，即企业既创造股东价值又创造社会价值、具有可持续发展的能力。

从共同富裕的角度说，ESG投资应该成为金融服务的硬约束。现在绿色投资方面已经引起各方高度重视，可以预期各类标准很快会建立起来。金融机构对于服务对象的环保风险越来越重视，一般都有比较明确的投资准入政策。金融机构提供金融服务，尤其要关注服务对象的社会责任担当和公司治理情况。

现在许多企业简单地把社会责任当作捐赠、扶贫，这是不够的。捐赠、扶贫是三次分配，应当鼓励。将其作为投融资的硬约束条件，有利于借助市场机制促使企业加强这方面的工作。这肯定比用道德劝谕、行政方式有效和有益。

但目前在企业公益捐赠方面，需要注意两个问题。一是，一些企业在高杠杆的情况下，无度捐赠，甚至一边大量向银行借款和发债，一边在世界各地进行名目繁多的捐赠。这不但不能达到共同富裕的目的，而且还给社会带来系统性金融风险隐患。

二是，许多企业的实际控制人严格区分个人财产和公司财产，但捐赠、扶贫却只用公司的资金和财产，个人享受因公司捐赠和扶贫等而获得的荣誉与好处。这同样背离了共同富裕的初衷。

因此，金融机构在评价投资对象社会责任时，既要评价公司的社会责任担当情况，也要评价企业实控人的社会责任担当情况。企业公益捐赠的数量应该控制在合理的范围内。企业担当一定的社会责任，是为了企业更好地可持续发展，不是为担当而担当，更不是哗众取宠博眼球。不恰当的慈善与公益，实际上是对社会的不负责任，甚至是危害，有违ESG的本意。

公司治理，不仅完善公司治理架构和程序，就共同富裕而言，要特别关注公司治理中对员工合法权益的安排、对利益相关者合法权益的安排。一些企业一方面在高杠杆下用贷款在外大搞公益，企业领导人到处担任公益大使、慈善大使等；另一方面企业内部却侵犯员工合法权益，甚至利用人工智能算法模型千方百计剥削员工。一些企业千方百计侵犯消费者权益。还有一些企业挤压上下游中小企业的流动性，给中小企业造成了严重的资金流动性困难，增加了融资总量和融资成本，也给中小企业带来很大的经营困难和风险。这些实际上是在一次分配环节造成了极大的不公平，把共同富裕的责任推给了社会。**金融机构应该把服务对**

象公司治理这方面的内容作为投资与否的实质性要素纳入评价体系。

最后，支持非营利机构及其创办的企业。

随着三次分配的逐步发展，社会上会产生越来越多的公益机构以及由这些机构创办的企业。金融机构应积极创新专属的金融产品和金融服务方式，在遵循商业原则的前提下，为这些机构和企业提供有效的金融服务。

（二）金融机构向善

金融机构在提供服务中要求服务对象做到的ESG方面的内容，在自身的经营管理中也应该做到。

首先是金融机构经营环境要符合环境保护的要求。一是办公环境。包括建筑、装修、办公设备器具等的绿色环保；二是运营的绿色环保。包括无纸化办公、节电、卫生、安全等。

其次是履行社会责任。作为金融机构，尤其要注重保护金融消费者权益。金融消费者，也就是金融机构的服务对象，包括投资人、融资人和委托人，他们在金融活动中分担不同的角色，有不同的利益，或者说有不同的利益站位。投资人，是有闲置资金的人，比如，存款人、购买股票的人等。融资人是需要资金的人，比如，借款人、股票发行人等。委托人，是办理非投融资金融业务的人，比如，办理汇款、兑换等业务的人。社会上，特别是地方政府部门，往往有一种误解，以为金融机构就是为融资人服务的，应该千方百计为融资人提供资金。要求金融机构解决"融资难、融资贵"就是以此为出发点提出的。但金融机构只是一个中介，为融资人服务所提供的资金来自投资人和委托人，只有在服务好投资人和委托人的基础上，才能服务好融资人。金融机构不可能在保证投资人高收益的情况下为融资人提供低成本的融资，也不可能不顾融资人的风险而免除对投资人应负的责任。因此，金融机构必须平衡三者的不同利益，保障他们各自的合法权益，在这个基础上获取自身应得的收益。不同的金融机构，应该按照不同业务的特性，平衡不同客户利益，规范经营行为，以保障客户的合法权益。

在履行社会责任方面，**一方面**要发挥自身业务优势，力所能及地做好各种社会公益事业；**另一方面**也要有效隔离履行社会责任与业务经营带来的风险。金融机构在做社会公益的过程中，一般都会利用自身业务优势，将业务作为公益的补充或支撑。比如，在扶贫中，银行除了捐赠、采购当地土特产、利用银行网络和客户帮助贫困地区推销产品和对接投资人、派驻干部智力扶贫，还会在业务上对贫困地区增加机具投放、信贷投放等。做得好，相得益彰，能够有效地帮助当地尽早脱离贫困，真正做到授人以渔。但如果处理不恰当，完全把业务当作扶贫工作，就如同把普惠金融当作慈善资金，不按业务规律办事，贫困地区既脱不了贫，银行发生亏损，扶贫工作也难以为继，更是对存款人的不负责任。所以，**金融机构在履行社会责任时，需要配合一定的业务支持，但一定要有效隔离两者的风险，业务必须按业务原则办理。**

最后，在公司治理方面，金融机构一般都有完善的公司治理架构，但确保公司治理架构有效发挥作用，还有很长的路要走。

在公司经营管理中，争取利润最大化，是企业的最终目标。但对这个目标不能错误地理解或教条式理解。所谓利润最大化，不是没有前提，没有边界的。企业最大化的利润，不是一时的，是持续经营状态下的最大化。因此，必须可持续地保障客户的权益，并因此保障持续性的资本的足够投入，特别是人力资本的足够投入，即必须持续保障员工的合法权益。**尤其是在员工绩效考评方面，要兼顾效率、效益和公平，兼顾某**

项业务本身收益和机构整体长远发展目标的平衡。

（三）金融监管向善

金融监管，一方面是为了保持宏观经济、金融的稳定运行；另一方面是为了维护市场合规、公平、有序和微观参与者的稳健经营。总之，是在约束市场可能失衡的同时，让市场良性运作，有效配置资源，创造更多的财富。向善的金融监管，是能够促进金融向善的监管。

金融监管方式，对于需要禁止的行为，必须明确界限，具有执行的可操作性；对于需要鼓励的行为，则尽可能用引导性政策手段，借助市场机制达到目的。 比如，非法经营金融业务，必须明令禁止，坚决打击，不存在所谓因为创新网开一面的模糊地带。金融创新，是在监管下的创新。鼓励发展普惠金融、支持小微企业等，则以定向降准、定向再贷款优惠利率等引导性政策手段为妙，为金融机构留出差异化竞争的市场空间。

金融监管，不应该仅仅是对金融机构的监管，而应该是对所有金融市场参与者的全面监管。 金融市场中参与金融活动的不仅是金融机构，还包括融资人、投资人等各类参与者，他们参与金融活动的行为都应受到公平、公正和严格的监管。以融资人为例，**依法实行全面信息披露监管。** 真实、准确、完整的企业信息披露，不仅是资本市场或直接融资市场的要求，还应该是企业所有融资活动中都需遵循的法定要求。对于投资人，同样要对其投资行为的合法性进行监管，尤其要监督投资人承担其应承担的投资责任。对于金融机构，在机构监管的基础上，要强化功能监管和行为监管。所谓功能监管，就是对同类业务统一规制，由相应的监管部门制定统一的监管政策，业务监管部门和机构监管部门按统一的监管政策对金融机构的相关业务进行监管。如债券业务是证券业务的一种，应该由证监会制定统一的债券业务监管政策。银行办理债券业务，需要向证监会申请牌照，并接受证监会对其证券业务的监管；同时，银保监会作为银行机构的监管部门，依据证监会的政策，从银行稳健经营的角度对银行开展债券业务进行监管。行为监管，是监管部门以金融消费者权益为立足点，对金融机构的经营行为进行监管，确保金融机构的经营行为不会损害金融消费者的权益。行为监管，保护的是金融消费者的权益，不是利益。金融机构为客户提供的产品和服务，必须充分披露相关信息，比如，风险、收益、期限、规则等。在充分知悉并理解有关信息的情况下，金融消费者应对自己的选择承担风险。

加快ESG投资监管标准建设。这方面，**特别要关注的是对企业公益捐赠的约束**。企业公益捐赠必须控制在一定负债率条件下和一定净利润占比范围内，确保企业的公益捐赠等可负担、可持续并且不会给社会带来金融风险。企业实际控制人的公益捐赠等可以作为企业社会责任评级的加分项。**其次**，企业员工权益保护、消费者权益保护、上下游客户权益保护等，都应该有明确的要求和评定标准。通过这些监管标准约束投融资行为，促使金融机构和企业在提升市场竞争力的同时保证一次分配的公平、公正与效率。

制定有利于支持实现共同富裕的有关引导性政策。比如，对于金融机构支持公益机构、公益机构创办的企业、福利企业等实现的收入给予税收优惠，就相关信贷业务给予定向存款准备金缴纳优惠、再贷款额度及再贷款利率优惠等。

金融三方面助力实现共同富裕

张 明

"十四五"规划和2035年远景目标纲要提出,要实现人均GDP达到中等发达国家水平、城乡区域发展差距和居民生活水平差距显著缩小的奋斗目标,全体人民共同富裕取得更为明显的实质性进展。2021年8月17日,中央财经委员会第十次会议强调,要在高质量发展中促进共同富裕。

改革开放以来,金融业发展促进了储蓄投资转化与资金信贷配置,成为我国经济快速增长的重要驱动力。那么在现阶段,我国应该如何通过金融手段助力实现共同富裕?**笔者认为,可以从充分发挥金融政策的再分配效应、大力推进金融工具创新、系统强化创新型金融体系的顶层设计三个方面来发力。**

作者系中国社科院金融研究所副所长、国家金融与发展实验室副主任。

一、发挥金融政策的再分配效应

促进共同富裕的手段之一是再分配问题。要在高质量发展中促进共同富裕，就应正确处理效率与公平的关系，构建初次分配、再分配、三次分配协调配套的基础性制度安排。而通过金融手段助力实现共同富裕的理论逻辑，就是要发挥金融政策的正向再分配效应。

一是发挥总量型货币政策的正向再分配效应。在传统认识中，扩张性货币政策将推动经济周期性繁荣、降低失业率、缩小收入分配差距。理论上讲，货币政策的正向再分配效应主要通过三条渠道发挥作用。**首先是收益异质性渠道**。扩张的货币政策将降低企业融资成本、抬高商品价格、促进企业扩大再生产并增加就业，这有利于以劳动报酬为主要收入来源的中低收入人群，而对工资变动缺乏弹性的高收入人群影响不大，从而有助于缩小收入差距。**其次是费雪效应渠道**。扩张的货币政策如果引发未预期到的通货膨胀，就将导致名义资产负债表发生重估。以高收入者为主体的名义债权人将遭受损失，而以低收入者为主体的名义债务人将从中获益。**最后是资产负债表渠道**。扩张的货币政策将修复企业受损的资产负债表，缓解不利的流动性与通缩螺旋。这有利于中小企业与低收入借款者增加收入，进而缓解收入不平等。**值得一提的是，如果扩张性货币政策与限制杠杆率的宏观审慎政策配合实施，那么货币政策的正向再分配效应将会显著增强**。

二是发挥结构性货币政策的正向再分配效应。结构性货币政策的实施能够在更大程度上发挥货币政策的精准调控功能。这是因为，我国金融市场以银行间接融资为主，国内利率的非市场化因素削弱了金融定价功能，叠加政府隐性担保，导致刚性兑付、金融机构同质化、金融业竞争不足等问题，从而容易产生金融资源的结构性错配与扭曲，上述问题无法通过常规货币政策予以解决。尽管结构性货币政策出台的初衷并非调节收入再分配，但支农支小再贷款、定向降准、定向中期借贷便利（TMLF）等结构性货币政策工具具有引导信贷流向、强化激励相容的效果，有助于引导资金向经济发展的薄弱环节流动，进而缩小区域城乡发展差距、缓解中小企业融资难，并最终促进共同富裕。

三是发挥信贷政策的正向再分配效应。信贷政策能够发挥平衡经济总量与优化经济结构的双重功效。要更大程度地发挥信贷政策的再分配效应，就需要关注其与其他政策的搭配使用。例如，可以将信贷杠杆与税收杠杆协调使用，促进信贷收支与财政收支双重平衡，在稳定经济增长的同时改善收入分配。又如，可以将信贷政策与宏观审慎监管搭配使用，在防范金融风险的同时改善收入分配结构。

二、推进金融工具创新

在金融市场的实践中，一些创新金融工具的使用能够显著提高资金配置效率、降低交易成本，在相关政策指引下有助于促进共同富裕的实现。

一是大力发展数字金融与普惠金融。与传统金融相比，"数字金融＋普惠金融"的组合具有降低金融交易门槛、促进信息流通和价格发现、打通金融服务"最后一公里"的显著优势。**数字金融与普惠金融的发展能够显著缓解收入与财富不平等**。**首先**，数字金融与普惠金融通过创新储蓄、信贷与支付手段，扩大了广大群众对金融资源的可获得性、可接触性与支付便利度；**其次**，数字金融与普惠金融涵盖的长尾市场包含了大量被排斥于正规金融体系之外的低收入群体，提高了后者的资产收益率与资金流动性;**最后**,数字金融与普惠金融降低了信息不对称,能够更加有效地进行资金匹配与信用监控,从而有助于缩小收入差距。随着数字技术普及程度的提高,源于区域与群体间发展不平衡的"数字鸿沟"有望逐渐消失。

二是大力发展绿色金融。近年来,绿色金融与经济增长的耦合程度不断上升,且两者之间存在显著的空间依赖关系。绿色金融囊括了绿色信贷、绿色保险、绿色债券、绿色基金、绿色股指、绿色信托及碳金融等工具,能够从多维度提高资金配置效率,在乡村振兴、扶贫减贫领域发挥突出作用。在农业领域,绿色金融是农业供给侧改革的重要支撑,绿色金融创新能够支持农业适应气候变化,实现可持续发展。在农村领域,绿色金融可以推动乡村企业绿色转型,提升其经营绩效与环保业绩,改善其融资约束现状,从而增加农村就业以及农民收入。对于农民来说,绿色金融可以通过盘活资源、将传统生产方式与新生业态进行无缝对接等方式,帮助农民增收致富。

三是大力发展养老金融。当前,我国正面临着生育率下降与老龄化加剧的深层次问题,长期以来过度依靠财政提供基本养老保险之模式不可持续,养老金融亟待快速、有序以及可持续发展。养老金融能够促进财富在代际、不同群体之间合理有序转移,与调节收入再分配的社会保障制度具有长期的逻辑一致性。养老金融通过市场化手段,使得有关资金流通过金融体系实现社会财富的有效增值以及合理分配,从而有助于促进共同富裕。在实践过程中,要促进金融体系对养老金融的全方位支持,并用财税政策予以配合;还要拓展养老金融的服务对象、降低服务门槛,更好地发挥养老金融的普惠性与再分配效应。

四是积极发展主权财富基金。主权财富基金使用主权国家的储备资产在全球范围内进行长期多元化金融投资，其取得的投资收益能够增加一国的总体国民福利并推进该国经济的代际可持续增长。根据设立目的不同，不同类型的主权财富基金对缓解财富不平等的作用机制相差很大。例如，稳定基金（Stabilization Fund）设立的初衷是通过基金盈利增加一国财富，防止资源枯竭后经济增长显著震荡，实现跨期平滑国家收入的目的。又如，养老储备基金（Pension Reserve Fund）创设的目的是应对老龄化社会冲击、健全养老保险体系、跨期平滑国民财富。再如，战略基金（Strategic Fund）创设的目的是配合国家发展战略需要、增强本国企业竞争力、增加国民财富。随着时间的推进，一些最初设立的稳定基金和战略基金，也具备跨越代际平滑财富的功能。

五是积极发展ESG主题基金。ESG基金主要衡量上市公司是否具备社会责任感，是否具有可持续发展潜质。相关数据显示，社会责任感更强的公司股票通常股价更稳定、回报率更高，也能更好地应对信任危机。在我国经济迈向高质量发展的过程中，将会更加注重公平，更加强调三次分配。因此，公益慈善以及以ESG基金为代表的社会责任理念，有望成为共同富裕的加速器。愿意承担更多社会责任的上市公司，在资本市场上将会受到更多机构投资者的信任，在政策层面也有望得到更多的激励与倾斜，这无疑有助于打通促进共同富裕的良性循环。事实上，ESG投资的流行也有助于倒逼中国经济关于绿色可持续发展、代际可持续发展、金融普惠化等结构性改革。

三、加强创新型金融体系的顶层设计

要更好地发挥金融政策的正向再分配效应，更好地使用创新金融工具来促进共同富裕，离不开创新型金融体系的全方位支持。而**要构建创新型金融体系，需要进行系统缜密的顶层设计。**

一是深化金融供给侧结构性改革。当前，我国金融市场实现资源配置的功能仍有较大提升空间，面临要素定价市场化程度不高、金融结构扭曲、金融机构非功能性扩张及市场与政府关系不明确等问题。例如，我国目前尚未全部完成利率市场化与汇率市场化改革，在此背景下，银行利率定价自主权较弱，汇率缓释外部冲击能力有待强化，容易导致金融政策的正向再分配效应达不到预期效果。又如，在我国经济步入新常态的背景下，间接融资模式下民营企业融资难融资贵问题凸显，人民币贷款在新增社融中的占比不降反升，这种间接融资占据主导地位的金融结构难以匹配新发展格局的金融需求，也难以发挥金融工具减贫、缩小财富不平等的功效。因此，要实现共同富裕，就要深化要素定价市场化改革、促进金融市场结构性优化、实现金融机构功能性发展，从而进一步提高金融市场的资源配置效率和价格发现功能。

二是支持金融体系创新。金融体系创新的关键在于建立一个成本更低、风险共担、收益共享、价格发现功能更强的创新型金融系统。**首先，**坚持市场中性原则，对不同人群、机构、交易者给予同等的市场主体地位。**其次，**优化金融市场结构，合理配置直接融资与间接融资、债券融资与股权融资结构，推进IPO注册制，完善多层次多功能资本市场体系。**再次，**建设统一完整的市场体系，打破货币市场、债券市场与信贷市场的多重分割。**最后，**充分发挥金融科技优势，降低单笔金融业务成本，提高金融服务可得性，鼓励金融产品创新。通过上述举措的实施来构建支持创新的金融体系，可以有效避免金融偏向与金融资源错配，从而助力实现共同富裕。

三是审慎渐进推进金融开放。一般而言，金融市场开放程度越高，金融参与者运用金融资源获取收益、降低风险的能力就越强。特别是随着金融全球化的深化，全球金融市场的价格发现与资源配置功能显著增强。越来越多中资企业在境外进行投融资活动，优化了我国企业投融资模式，获得了更为可观的收益，这自然有助于促进实现共同富裕。同时，国际机构投资者持有更为多样化的投资组合，抗风险能力更强，鼓励境外投资者在境内投融资有利于构建更为成熟的国内金融市场。不过，在国内经济增长模式正在转型、要素市场化改革尚未完成、存量金融风险尚未根本性消化的前提下，后续的金融开放应遵循审慎渐进的方式。近年来，中国政府已经显著加快了国内金融市场对外资金融机构的开放。**一方面**，目前针对 QFII、RQFII 的投资额度限制已经全面放开；**另一方面**，目前国内已经出现了外资独资的商业银行、证券公司、基金公司、租赁公司等金融机构。在金融市场开放提速的前提下，资本账户的开放应该格外审慎。中国政府应该相当重视跨境银行借贷（其他投资）、地下渠道资本流动、衍生品跨境流动等高风险科目。

四是强化金融监管。防范系统性金融风险爆发，是通过金融手段促进共同富裕的底线保障。这是因为，但凡金融危机爆发，最终都会对中低收入群体造成更加负面的不对称冲击。加强金融监管能够有效减少投机套利行为，缓解因市场漏洞而加剧的财富失衡。**首先**，金融机构要提高自身应对系统性风险的能力，限制风险资产头寸、约束过度风险承担行为。**其次**，监管部门要把控重点领域、重点行业的风险，做好系统、及时的监测预警。当前值得关注的金融风险包括地方政府与地方国企债务风险、房地产相关风险、中小金融机构相关风险、商业银行不良贷款风险等。**最后**，中央政府应加强财政政策、货币政策、宏观审慎监管、微观审慎监管的统筹协调，高度重视金融风险的内生性与相关政策的滞后性，守住防范系统性金融风险的底线。

促进共同富裕是我国下一阶段实现高质量发展的最重要目标之一。值得一提的是，当前要更好地促进共同富裕，需要金融政策与财政政策更加密切地协调，通过相关政策精准发力来尽快缩小区域差距、城乡差距以及居民部门内部的收入与财富不平等，增强经济增长的包容性与可持续性。

金融科技助力共同富裕的重点与对策分析

杨　涛

　　当前，推动共同富裕已经成为促进我国经济社会可持续发展的重要"抓手"。2021年底的中央经济工作会议强调，实现共同富裕目标，首先要通过全国人民共同奋斗把"蛋糕"做大做好，然后通过合理的制度安排把"蛋糕"切好分好。

　　由此，如何在发展中应对共同富裕带来的新挑战，也成为金融改革与创新的重要目标之一。对此，人民银行召开会议表示要把促进共同富裕作为金融工作的出发点和着力点，指出坚持不搞"大水漫灌"、不断提升金融服务实体经济能力、提高金融支持区域发展的平衡性和支持行业发展的协调性、持续做好金融服务乡村振兴和金融帮扶工作等。银保监会则表示应当继续实施系列纾困政策，大力发展普惠金融，不断改善小

作者系中国社科院国家金融与发展实验室副主任。

微企业和民营企业金融服务；推动实现巩固拓展脱贫攻坚成果同乡村振兴有效衔接。

习近平总书记在2021年第20期《求是》杂志撰文指出，促进共同富裕的重大举措包括：提高发展的平衡性、协调性、包容性；着力扩大中等收入群体规模；促进基本公共服务均等化；加强对高收入的规范和调节；促进人民精神生活共同富裕；促进农民农村共同富裕。

这些都进一步指明了当下促进共同富裕的重要着力点。与之相应，除了公共服务均等化、高收入的规范之外，金融要素在其余领域也都大有可为。同时需要看到，伴随数字化、新技术的演进，金融体系、金融活动自身已经发生了日新月异的变化，金融科技已经全面改变了金融产品与服务模式，提升了金融服务的"精准性"与"适配性"，当然也带来新的风险与挑战。在此，我们基于前瞻视角，全面探讨在金融数字化变革的大势中，如何更好地融合、支持并践行共同富裕目标。

实际上，在人民银行发布的《金融科技发展规划（2022—2025年）》中，也突出强调了金融科技应对数字鸿沟的重要职责。尤其是提出"强化金融无障碍服务水平"，"通过体验学习、尝试应用、经验交流、互助帮扶等手段提升用户数字素养，着力弥合因智能技术运用困难导致的数字鸿沟问题，让广大群众更好共享金融科技发展成果"，"优化线下服务流程、简化办理手续、改善服务体验，运用智能移动设备延伸金融服务触角，为偏远地区、行动不便、有沟通障碍的人群主动上门或远程办理金融业务，不断提升金融服务深度、广度和温度"等，这些都表明金融科技与共同富裕目标已经在诸多改革层面形成共识。

一、金融科技直接助力共同富裕重大举措落地

第一,以推动科技、产业、金融协调发展来增强经济内生动力。经济增长动能的弱化,天然就会抑制共同富裕的"蛋糕",因此增长仍然是当下最重要的问题。近年来我国互联网发展突飞猛进,但是全要素生产率的提升还有所不足,仍需努力提升技术对于经济增长的贡献度,这也意味着"互联网+"亟待进一步下沉。根据国家统计局对于数字经济核心产业的分类,在数字产业化与产业数字化发展中,后者成为重中之重。与之相应,在服务产业数字化方面,一方面,金融科技创新应该跳出C端模式局限,全面探索面向B端、G端的创新;另一方面,不仅利用新技术改善金融产品和服务,而且更进一步推动科技金融体系变革,促使新金融功能全面支持科技研发、成果流转与应用的全产业链。

第二,以创新数字金融模式应对经济结构失衡。目前,我国的区域结构、产业结构等还存在不平衡的问题,金融科技的功能应该是更加有效、合理地进行资源配置,特别是在结构优化方面体现价值。例如,某些有条件的落后地区,反而可以把握自身资源禀赋、体现后发优势,积极拓展大数据新业态,与之相应的金融服务,也应当更加数字化、智能化;而数字化时代的地方金融改革,同样可以探索跨行政区域的配置,更好地与区内外产业实现有效"排列组合"。再如,金融科技与供应链金融相结合,能更好地服务弱势产业链,以及产业链的弱势主体。其中,通过探索大数据技术与高性能计算、边缘计算等领域的融合,可有效解决供应链中企业信息数据统计与分析中的难点;人工智能技术融合于供应链企业运营管理的每个环节,能更好地推动企业智能提升;区块链技术可高效地缓解融资问题中无法解决的信息困境,进而提升供应链金融

业务的效能。

第三，以数字普惠金融探索支持小微与促进就业。2016年G20框架下普惠金融全球合作伙伴（GPFI）发布的白皮书认为，"数字普惠金融"泛指一切通过使用数字金融服务以促进普惠金融的行动。**首先，通过支持小微企业健康发展，进而增加就业，正是普惠金融服务共同富裕的重要方面，也才有可能帮助更多低收入群体迈入中等收入群体行列**。具体就科技手段的着力点看，从金融供给，可以推动金融机构数字化与产品线上化、构建全新的产融生态、促进政策性金融资源的精准触达；从金融需求看，则可为小微企业进行数字化赋能（人才、管理、机制、能力），推动其标准化、规范化发展；从金融"土壤"看，则是把数字化融入综合风险管理与保障机制、大数据征信体系、激励相容机制建设等；从其他要素看，则可利用新技术应对小微企业应收账款难题、改善营商环境、降低运营成本等。

其次，支持创业也是应对就业的途径之一。据统计，2022年2月，全国城镇调查失业率为5.5%，其中16～24岁、25～59岁人口调查失业率分别为15.3%、4.8%。加上2022年高校毕业生规模将达到1076万人，比2021年增加167万人，规模和增量均创历史新高。可见年轻人面临更加突出的就业难题，如何利用数字金融与金融科技工具支持其理性创业，也是题中应有之义。最后，还要考虑数字普惠金融如何更好地支持巩固脱贫攻坚成果、有效防止返贫等问题。

第四，以金融科技改善消费金融与财富管理。一方面，随着前沿技术应用的快速发展，以及细分消费场景的深入开发，消费金融服务机构不断改善业务流程中的智能支付、信用评分、智能催收、智能客服、风险管理、反欺诈识别等多环节，服务客群不断拓展，这有助于促进新型消费、提高消费水平，改善居民的"获得感"。当然金融科技加上消费金融，并不能靠刺激"非理性消费"来过度扩张，而应构建更加持续的消费金融生态，这些显然与共同富裕的目标相对应。**另一方面**，实现共同富裕也强调要拓宽居民财产性收入渠道，使更多群体能够获得财产性收入，金融科技创新对此也作用突出。例如，互联网理财的快速发展，使得更多普通老百姓能够参与到各类金融投资中；而智能投顾通过技术增效、降低门槛、降低道德风险，则使得投顾服务不仅面向高净值人群，而且使普通人也能享受智能理财的便利。

第五，以文化金融与科技融合来服务人民精神生活。"十四五规划"明确指出要"实施文化产业数字化战略"，数字文化经济的变革将成为文化产业发展的主线，配合以创意经济和版权经济等，会为文化产业发展打开新的广阔天地。与之对应，依靠金融科技创新，新型文化金融也能更加有效地解决信息不对称、搜寻成本、匹配效率、交易费用、规模经济、风险控制等难题，并可能在中小微文化企业融资、文化产品资本化等领域实现新的突破。综合来看，传统文化金融服务体系依托新技术进行改良之后，一方面可助力文化产业金融落地，促进文化市场化发展；另一方面推动文化事业金融创新，促进文化公共事业的大发展，最终还是为了给公众带来更好的精神层面享受。

第六，以金融科技助力乡村振兴。据统计，2021年全国城镇居民人均可支配收入47412元，农村居民人均可支配收入18932元，城乡收入差距明显。金融科技在解决城乡差距方面有诸多着力点，尤其是电子支付创新。例如，人民银行部署将移动支付服务进一步覆盖至农村地区，以日常支付服务、农产品分销服务等为切入点，重点解决农村地区支付服务数字鸿沟等问题，提升农村地区支付便利化水平。此外，在人民银行

2022年科技工作电视会议上，要求坚持科技向善，落实发展规划，深入实施金融科技赋能乡村振兴示范工程等。2022年3月30日，人民银行还印发《关于做好2022年金融支持全面推进乡村振兴重点工作的意见》，要求持续提升农村支付服务水平。巩固优化银行卡助农取款服务，支持银行卡助农取款服务点与农村电商、城乡社会保障等合作共建，推动支付结算从服务农民生活向服务农业生产、农村生态有效延伸。推广完善"乡村振兴主题卡"等特色支付产品，推动移动支付便民工程向县域农村下沉。

二、防范金融科技风险与加强消费者保护

金融科技全面改变了金融运行模式，特别是其互联互通性、开放性、科技含量高等特征使得金融风险隐蔽性、广泛性、传染性、突发性特征更加明显。金融产品创新快速演变，再加上信息科技本身极强的专业性，使得金融风险更加隐蔽复杂，潜在的信息科技风险和操作风险更加突出。因此，在推动金融科技服务共同富裕的过程中，首先需要实现其自身的健康发展，避免给共同富裕带来负面影响。对此，需要进一步增强监管科技风险防范能力。完善金融科技风险的动态监测和早期预警，切实提高金融科技的风险识别和预判能力，强化对金融科技风险情景分析、应急处置、危机预防、预案储备和长期评估，维护金融安全稳定。

同时，加强金融消费者保护，也是金融支持共同富裕的重要保障。当然，为了防止金融消费者权益受到损害，除了要安排好常规性的消费者保护措施之外，更应当重视系统性、体系性、制度性监管问题。因为，一旦出现这样的风险，对金融消费者的伤害将更加难以弥补。例如，P2P

网贷市场的兴衰、股市违规行为带来的市场波动等,不仅没有为居民财产性收入"添砖加瓦",反而使众多老百姓出现财产损失。

因此在共同富裕的目标引领下,应该逐渐把金融消费者权益保护从后台的辅助性工作,转变成为规范金融科技创新的重要前置工作。在金融产品与服务的供给侧应实施严格的"穿透式监管",增加违规成本,在需求侧则要加强对用户的宣传教育以及救济政策。尤其是在互联网时代,金融消费者的群体差异性越来越大,更需要全面优化金融宣传教育,通过多元化、便捷化、结构化设计,使得公众能够理性认识金融、理解金融、应用金融。具体有三方面重点:一是紧跟金融科技的迭代发展,推动金融理论知识的完善与更新,更准确地指导实践;二是在金融知识应用层面,探索多种信息触达形式,努力嵌入公众的日常生活场景中,使之能够潜移默化地接受新知识;三是帮助用户树立正确观念,即学习金融知识并非只是为赚大钱,而是旨在培养金融风险识别意识与财富管理基础能力。

三、优化数字化新型金融基础设施与生态建设

首先,正如经济社会发展离不开道路、桥梁、机场、港口等基础设施,金融也离不开基础设施支撑。狭义的金融基础设施主要指支付清算体系,包括支付系统、中央证券存管、证券结算系统、中央对手、交易数据库等。广义的金融基础设施,则还包括货币体系、数据服务体系、征信体系、技术基础与设施、监管与合规、金融消费者保护、财务与会计、金融文化等。只有不断完善数字化时代的新型金融基础设施,才能促使金融活动更加高效、合理运行,从而更好地给实体经济赋能。

例如，浙江台州通过建设金融服务信用信息共享平台和小微企业信用保证基金，运用各类信息交叉验证等方式，有效缓解了小微企业融资难、融资贵问题。河南兰考围绕"普惠、扶贫、县域"三大主题，充分利用数字技术，显著提高了农户贷款获得率。这都是在夯实基础设施的前提下，更好地实现金融科技服务实体的场景落地。

其次，完善金融科技生态是重中之重，这也是为了促进金融效率与效益的提升，更好地服务于社会生产、分配、交换与消费。 实际上，金融科技生态意味着参与主体丰富多样，而且能够维持足够的互动性与活力。如麦肯锡曾发布报告认为，金融科技产业发展生态包括运营和基础设施（开放银行基础设施、AML&KYC、BPaaS、大数据和高级分析、风险及合规、核心系统平台、内部流程自动化、客户获取及交互），产品和服务（支付、零售金融、储蓄和财富管理、普惠金融及公司金融、投行和资本市场、保险）与综合解决方案。同时，健康生态还离不开治理规则与伦理约束，例如，当前数据要素治理正处于"向左走、向右走"的关键点，既需要打破"数据孤岛"，又要避免数据滥用和加强数据信息保护；再如，新技术可能存在黑箱和信息不对称，即便在生产与商业模式中体现出高效，也可能忽视人性与负外部性，所以需要构建金融领域科技伦理标准规则等，促进"技术向善"，避免"技术向恶"。

总之，对于健康发展的金融科技，其核心价值一是"普"，真正使符合条件的客户都能得到适度金融支持，从而改善自身境遇与增加致富途径；**二是"惠"**，通过技术与模式创新，拓展金融服务边界，降低门槛并提高效率。可以说，这为金融支持共同富裕带来强大动力。

以文化金融促进精神生活共同富裕

金 巍

社会各界都在积极落实中央关于推进共同富裕的重大战略部署，各级政府部门正在研究推进共同富裕的路径并积极推出相关政策。金融领域也在积极探讨金融与共同富裕的关系问题，通过文化金融助力共同富裕也是其中需要关注的方面。尤其是文化金融与文化发展的关系，直接关系到共同富裕中的"精神生活共同富裕"这一重大课题，不能不引起我们的重视。

作者系北京立言金融与发展研究院副院长，国家金融与发展实验室文化金融研究中心副主任。

一、促进精神生活共同富裕是文化金融与共同富裕关系中的主要问题

根据中央的战略规划和习近平总书记对共同富裕的重要论述,理解文化金融与共同富裕之间的关系,可以从以下三个层面展开。

第一,共同富裕是我国社会主义发展新阶段的重要任务,是体现我国社会主义性质的重要内容。

2021年10月,《求是》杂志发表习近平总书记的重要文章《扎实推动共同富裕》,明确而清晰地阐述了共同富裕。习近平指出,党的十八大以来,党中央把握发展阶段新变化,把逐步实现全体人民共同富裕摆在更加重要的位置上,推动区域协调发展,采取有力措施保障和改善民生,打赢脱贫攻坚战,全面建成小康社会,为促进共同富裕创造了良好条件。现在,已经到了扎实推动共同富裕的历史阶段。习近平指出,共同富裕是社会主义的本质要求,是中国式现代化的重要特征。

实现共同富裕,是考验我们坚持走社会主义道路的重要指标。为推动共同富裕,党的十九届五中全会做出了重大战略部署。2020年11月,《中共中央关于制定国民经济和社会发展第十四个五年规划和二〇三五年远景目标的建议》提出要扎实推动共同富裕,不断增强人民群众获得感、幸福感、安全感,促进人的全面发展和社会全面进步,同时提出,到2035年全体人民共同富裕取得更为明显的实质性进展。2021年8月,中央财经委员会第十次会议召开,会议指出,我们正在向第二个百年奋斗目标迈进,适应我国社会主要矛盾的变化,更好满足人民日益增长的美好生活需要,必须把促进全体人民共同富裕作为为人民谋幸福的着力点,不断夯实党长期执政基础。2021年12月,中央经济工作会议召开,会议

提出，要正确认识和把握实现共同富裕的战略目标和实践途径。

第二，实现精神生活富裕是共同富裕必不可少的重要内容，而促进文化发展是推进精神生活富裕的主要路径。

实现共同富裕不仅是物质上的富裕，而是要实现精神生活与物质生活共同富裕的有机统一。 中央财经委员会第十次会议强调，共同富裕是全体人民的富裕，是人民群众物质生活和精神生活都富裕，不是少数人的富裕，也不是整齐划一的平均主义，要分阶段促进共同富裕。会议强调，要促进人民精神生活共同富裕，强化社会主义核心价值观引领，不断满足人民群众多样化、多层次、多方面的精神文化需求。所以，所谓共同富裕，不能脱离精神生活只谈物质生活富裕。

但是要满足人民的精神文化需求，就需要提供充足的精神文化产品供给，提供良好的精神文化消费权益保障，要有足够的体育旅游休闲时间以及公平的教育环境，等等。这些要由不同的部门来承担职责，其中文化产品供给和消费方面，就需要大力促进文化发展，而文化发展又包括公共文化服务水平提升和文化产业发展两大主要内容。所以，要推进精神生活富裕，就要大力提升公共文化服务水平，大力促进文化产业高质量发展。

在中共中央、国务院发布的《关于支持浙江高质量发展建设共同富裕示范区的意见》中，围绕构建有利于共同富裕的体制机制和政策体系，提出诸条重大举措，其中将促进精神生活共同富裕作为了重要内容，提出"打造新时代文化高地，丰富人民精神文化生活"，并对这一部分做出了专门谋划。随后由文化和旅游部、浙江省人民政府联合印发的《关于高质量打造新时代文化高地推进共同富裕示范区建设行动方案（2021-2025年）》，通过打造文化高地推进共同富裕，提出了具体任务和举措，集中体现了文化发展在推进共同富裕进程中的重要地位。其中，虽然表述中只在公共文化服务一项提及精神生活共同富裕，但因整体上是通过打造文化高地推进共同富裕，是以文化供给和文化消费为主要内容的，所以理解为从整体上对物质生活富裕和精神生活富裕的共同推进更符合逻辑。

第三，如何以文化金融促进精神生活共同富裕，是文化金融与共同富裕关系的主要问题。

在文化金融和共同富裕的关系中，促进共同富裕有两层含义：一是文化金融通过助力相关领域的物质富裕来促进共同富裕；二是金融通过助力精神富裕来促进共同富裕。

业界在讨论金融与共同富裕的关系时，一般都是讨论如何促进物质上的共同富裕问题，讨论如何通过服务实体经济来实现共同富裕，如在2022年3月由中国人民银行、中国银行保险监督管理委员会、中国证券监督管理委员会、国家外汇管理局、浙江省人民政府发布的《关于金融支持浙江高质量发展建设共同富裕示范区的意见》中，提出要贯彻新发展理念，聚焦经济高质量发展的重点领域，优化金融资源配置，提升金融服务质效；探索金融支持科技创新、绿色发展的路径机制，夯实共同富裕的物质基础。这一文件没有涉及金融支持文化发展的问题，甚至也没有涉及如何促进精神生活共同富裕这个问题。这方面被忽略，是金融与文化发展的关系在我国金融发展历程中长期处于较次要地位的惯性造成的。

文化金融促进物质共同富裕当然是题中之义。文化金融能够通过服务文化企业、促进就业使较大的文化群体实现财富积累，通过对特定地区的金融支持实现该地区的文化资源转化从而达到物质上的共同富裕。

但是，文化金融与精神富裕之间有没有关系？实际上不仅有关系，而且关系很大。因为文化金融是服务于文化发展的，高质量的文化金融，能够促进文化发展的繁荣，能够促进文化产业社会效益和经济效益的统一。所以，文化金融与共同富裕之间的关系，不仅包括促进物质生活共同富裕的问题，而且更重要的是促进精神生活共同富裕的问题。

综上，金融通过服务文化发展来助力精神生活共同富裕的问题，可能是金融与共同富裕之间的次要问题，但却是文化金融与共同富裕的关系中的主要问题。

二、文化金融促进精神生活共同富裕的基本机制

文化金融促进精神生活共同服务的基本机制：大力促进以公共文化服务和文化产业为主要内容的文化发展，是满足人们精神领域美好生活需要的主要路径，文化金融通过服务文化发展来满足人们精神需求和消费，从而促进精神生活共同富裕。在这个机制中，需要明确三个问题：

第一，为什么需要精神生活共同富裕？

所谓精神生活富裕，是指满足人们精神生活需求的资源条件、产品供给的富裕程度，既包含数量上的充分，也包含质量上的充实。实现精神生活富裕，是由我国社会主义国家性质决定的。邓小平曾说："我们要建设的社会主义国家，不但要有高度的物质文明，而且要有高度的精神文明。"这也是我国当前社会主要矛盾决定的。习近平总书记在党的十九大报告中明确指出："中国特色社会主义进入新时代，我国社会主要矛盾已经转化为人民日益增长的美好生活需要和不平衡不充分的发展之间的矛盾。"**所谓美好生活需要，不仅有物质生活需要，还有精神生活需要。**

贰 ○ 金融促进共同富裕的路径与抓手
以文化金融促进精神生活共同富裕

经过数十年艰苦奋斗,得来只有物质富裕而精神贫瘠的社会是我们所不能接受的,在共同富裕进程中忽视精神生活共同富裕是危险的。同时,我们不仅是要与物质生活富裕相匹配的整体上的共同富裕,还要局部之间富裕程度相对平衡的共同富裕,这就是精神生活共同富裕。

第二,为什么是文化金融?

金融与精神共同富裕之间的关系,主要是文化金融与精神富裕之间的关系。通过文化金融服务文化发展,是金融促进精神生活共同富裕的主要路径。所谓文化发展,从政治经济学上阐述为文化生产(与再生产),所谓文化金融,就是通过金融工具、金融机构和金融市场,实现文化生产领域资本要素和金融功能配置的运行体系[1]。

文化金融是在服务文化生产过程中形成的金融服务及金融市场体系,服务文化生产是文化金融的天职。我国文化金融发展的主体部分是文化产业金融,也就是金融服务文化产业这一部分。多年来,我国文化金融发展已经取得较大的进步,文化金融政策渐成体系,文化金融工具创新和服务创新亮点频出,文化金融市场规模形成了较大的规模。根据中国银行业协会调查数据显示,2015-2020年,30家银行(21家主要银行和9家中小商业银行)文化产业贷款余额年均增长率达17.61%,截至2020年底,30家银行文化产业贷款余额达16561.5亿元。另据相关数据,截至2020年底,我国文化类专业基金约2000个,募资总目标规模超过2万亿元,文化产业相关的私募股权融资事件超过2.3万起,总融资规模超过1.5万亿元[2]。文化产业债券市场和文化企业上市数量也在近十年取得了巨

---

[1] 杨涛,金巍.中国文化金融发展报告(2017)[R].北京:社会科学文献出版社,2017:7.
[2] 杨涛,金巍.中国文化金融发展报告(2021)[R].北京:社会科学文献出版社,2021:11.

大的增长。这些都为文化金融进一步服务文化生产打下了坚实的基础。

广义上的文化金融，既包含服务文化产业的文化产业金融，同时也包含服务公共文化的文化发展金融。所以，文化金融通过服务文化生产来实现精神生活共同富裕，是金融促进精神生活共同富裕的最重要方面。

第三，什么样的文化金融服务？

文化金融是以文化资产为核心的，是以服务文化生产为天职的，所以文化金融能够在金融与精神生活共同富裕之间建立起一座桥梁。但从文化金融到精神生活共同富裕不是一个简单而直接的过程，我们需要明确什么样的文化金融才能有助于实现精神生活共同富裕？

首先，文化金融服务要符合国家战略，要服从于国家战略。文化金融原本是很小的规模，可以说"无关大局"，但经过十几年发展已经形成了规模，其一举一动都应具有战略视野。共同富裕就是国家战略，区域协调发展和乡村振兴也是国家战略，这些都应该成为文化金融活动的重要指针。**其次，文化金融服务要能够真正实现有利于文化生产和产业创新的资源配置作用，文化生产领域能够获得较低成本的融资**。当然不仅是资本资源的配置，还有对其他经济资源的引导和配置。当资本真正服务于文化生产，真正向有利于满足人们精神消费的领域倾斜，文化金融与精神共同富裕之间的桥梁才是畅通的。

文化金融服务要建立在高质量的文化金融体系之中。我国文化金融已经经过了一个高速成长期，在新的历史阶段，文化金融必须迈上高质量发展的新台阶。高质量的文化金融，是资本供给有效率的文化金融，是能够保持持续创新能力的文化金融，也是具有生态性和稳定性的文化金融体系。只有高质量的文化金融体系，才能持续提供高质量的文化金融服务。

三、以文化金融促进精神生活共同富裕的基本内涵

通过发展文化金融来促进精神生活共同富裕,其基本内涵是不仅要促进整体上实现精神富裕,还要在局部之间实现精神富裕的平衡。

第一,就是要促进人们在整体上实现精神富裕,而这种精神富裕是与物质富裕相匹配的富裕。

从整体上实现精神富裕,主要是从整体上促进文化产业发展,同时也要促进公共文化服务的进步,实现资源的有效配置,促进文化产品供给,使社会整体文化生活条件得到提高,这是经济学中的效率问题。要实现文化产品供给的相对充分,不仅有足够的数量供给,而且要有足够的质量供给。世界发达国家的历史轨迹表明,当物质极大丰富的时候,以拜金、享乐为内容的精神堕落倾向就会非常明显,这会导致一系列社会问题。在我国共同富裕的战略下,要实现精神生活共同富裕,就要坚持在文化生产中树立有利于社会发展和人类发展的主流价值观,要"强化社会主义核心价值观引领,加强爱国主义、集体主义、社会主义教育"。

当然,物质生活富裕不能成为精神生活共同富裕的必要前提条件,实际上精神生活富裕也能够弥合物质财富分配相对不均衡的状态。市场经济条件下,地区之间、城乡之间、群体之间的物质财富分配可能会经常处于动态的不均衡状态,但这不能影响人们在精神生活上追求均等化的权利。

第二,是促进精神生活富裕在局部之间取得相对平衡,不能有严重的不平衡问题。

精神生活共同富裕,还要再在各局部之间或各部分之间实现精神文明进步的相对均衡,精神文化产品供给的相对均衡,这是公平问题,也

是文化经济学要面对的重要问题。 所谓不平衡，主要是地区之间的不平衡，如我国中西部地区与东部地区之间仍存在文化发展上的不均衡，少数民族地区与其他地区之间也存在文化发展上的不均衡。中西部地区、少数民族地区大多数并不缺少文化资源，但大多数缺乏将文化资源转化为精神文化产品的机制和办法。还有城乡之间文化发展上的不平衡，尤其是在公共文化服务获得上，农村与城市仍有着巨大的差距。

还有一些是特定群体之间的不平衡，如"数字鸿沟"正在导致老年群体等被数字技术区隔的群体可能无法享受到部分公共文化服务，这是数字经济时代出现的新问题，技术进步导致新的文化消费上的不平衡。

四、文化金融促进精神生活共同富裕的几个重点领域

文化金融服务不直接提供精神文化产品，但能够通过金融手段进行资源配置，进而达到调节精神文化产品生产的目的。 所以，文化金融促进精神生活共同富裕，就是在文化生产均衡化、平衡化、均等化之处发挥金融的资源配置功能。从服务对象上可以分为以下几个领域：文化实体经济、公共文化服务、中小微文化企业、中西部文化发展、文化乡建、数字区隔群体。

第一，推动金融切实服务文化实体经济，夯实文化供给产业基础。

与物质生活富裕的进程相比，精神生活整体上处于贫乏的状态是不争的事实，与物质消费的可选择性比较起来，人们往往无法在供给短缺的精神文化产品市场找到合适的产品。提高我国整体文化生产水平应是补短板的主要路径，那么如何提高整体的文化生产水平？文化产业是文化生产的重要组成部分，当前我国主要的文化供给是由文化产业提供的，

所以发展高质量的文化产业，是丰富人们精神文化消费的基础，也是促进精神生活共同富裕的基础。

以文化金融促进精神共同富裕，总体上仍是要发展高质量的文化金融，切实服务于文化产业的发展，更宽泛些，是要切实服务文化实体经济的发展。 文化金融服务于文化发展，最核心的问题仍是降低融资成本，尤其是文化产业的融资成本，应切实让文化产业和文化企业从金融体系中获得支持。我国产业发展融资成本过高早为业界诟病，这是整个实体经济的问题，更是文化产业的问题。开发性金融参与文化产业建设是一条有益的探索路径，文化和旅游部联合国家开发银行制定和发布了《关于进一步加大开发性金融支持文化产业和旅游产业高质量发展的意见》，重点任务是支持重点重大项目建设，支持试点示范工作推进，支持产业创新发展，支持各类市场主体发展壮大以及支持产业国际合作。但是仍需要更多的商业金融机构参与到文化产业中。

应持续鼓励文化金融创新，包括文化金融工具（产品）创新、组织创新和服务创新，这事关资源配置效率的提升。 文化生产的主体是内容生产，独特的产品形态和独特的生产形式要求金融创新要另辟蹊径，而不是一把尺子量所有。围绕版权的金融创新是未来文化金融创新的重要方向。当然，鼓励创新，也要注意规范发展，规范的金融服务有助于减少分配上的不平等。

服务文化实体经济，要特别警惕文化产业资本市场的虚拟经济成分，防止投资资本成为"主流"，文化产业资本市场的资本空转游戏最终都会形成泡沫，只是造就了少部分富人，毫无意义。防范文化金融领域的风险，从长期看就是为服务文化实体经济打造良好的环境，也就是为共同富裕打造良好的金融基础。

第二，推动金融支持公共文化服务，促进文化供给均等化。

公共文化服务是共同富裕中最为基本的部分，说其基本，是因为这部分不同于产业发展，这部分主要由财政支付支撑，属于二次分配领域，主要保障精神文化产品的基本供给和相关权利，保障不同地区、不同群体的文化供给相对均等化，着眼点是公平，是保底的部分。习近平主席在中央财经工作第十次会议上指出，要强化社会主义核心价值观引领，加强爱国主义、集体主义、社会主义教育，发展公共文化事业，完善公共文化服务体系，不断满足人民群众多样化、多层次、多方面的精神文化需求。

公共文化服务的供给主要是通过政府进行调节和配置的，但市场和金融并非无所作为，而是能够发挥重要作用。例如，政府和社会资本合作即PPP，一些具有公共属性的可经营性文化项目采用了这种模式，政府也鼓励这种模式，文化和旅游部、财政部出台了《关于在文化领域推广政府和社会资本合作模式的指导意见》（文旅产业发〔2018〕96号）。又如社会资本可以通过参与基础设施领域不动产投资信托基金（REITs），重点支持具有一定公共服务属性的文化基础设施建设，如自然文化遗产开发项目、文化产业园区项目以及文旅融合景区等项目中的相关基础设施。通过政策性银行对公共文化服务设施建设给予低息贷款等支持，也是金融服务公共文化事业的重要组成部分。

第三，发展普惠性文化金融，培育中小微文化企业健康融资环境。

在市场经济条件下，由于资本逐利性特征，金融资本的配置在长期内会集中于大型企业、国有企业和一些优质项目，形成资本供给的马太效应。一些不需要资本的企业门口挤满资本，而中小微企业却求告无门。马太效应是一种惯性，也可能形成恶性循环，仅靠市场自然选择而不加干预是无法解决的。

中小微文化企业占所有文化企业的98%，提供了80%以上的就业，在文化生产体系中不可或缺。中小微文化企业的绝大多数又都是民营企业，在风风雨雨的市场经济中历练，往往都是依靠自身顽强的生命力存续下来。国家正在大力发展普惠金融，在文化产业也要发展文化普惠金融，推动文化金融服务均等化，保障中小微企业获得金融服务的权利。中小微文化群体是大众文化产品的重要供给方，不仅有利于助力物质生活共同富裕，更有利于精神生活共同富裕。

近年来，我国实施了一系列政策，包括使用了一些有效的金融工具，如两个直达实体经济的货币政策工具（普惠小微企业贷款延期支持工具、普惠小微企业信用贷款支持工具），中小微文化企业也有所惠及。但仍需要结合文化企业特点，推动更具精准性，提高文化金融普惠覆盖率，提高文化金融普惠的可得性。值得借鉴的是湖北省的探索，出台《关于用好普惠金融政策支持中小微文化企业和旅游企业繁荣发展的若干措施》，有很多专门针对文化和旅游企业的措施，如鼓励以"经营性固定资产贷款""景区收益权质押贷"助力文化企业和旅游企业盘活存量资产等。

第四，鼓励金融支持区域协调发展战略，探索绿色金融文旅领域应用，促进中西部文化发展。

文化金融是随着文化产业振兴开始勃兴的，所以文化金融发展较好之地，多是东部地区金融发达且文化产业基础较好的城市或地区，如北京、深圳、上海、南京、宁波、杭州等文化金融中心城市，示范性和辐射力都较强。但中西部也有一些城市取得了较大发展，如成都、西安、武汉等。在我国区域协调发展战略下，不仅要进一步发挥原有文化金融中心城市的示范作用，更要发展中西部有特色的文化金融发展模式，如昆明、南宁发展结合面向东盟文化贸易的文化金融，甘肃和新疆发展面向"一带一路"文化合作的文化金融等。应积极鼓励金融参与区域文化产业合作，推动东中西部产业能级传递，促进形成以"带""链"为纽带的一体化发展格局。应在有条件的中西部地区将文化金融纳入全国性区域金融改革试点，也可扩展一些，将文化和旅游金融作为改革试点。

中西部地区尤其是西部地区，多为文化资源和旅游资源丰富的地区，适合具有低碳、环保、生态特点的综合型文旅集聚项目发展，应积极探索绿色金融支持中西部文旅产业发展新路径。我国正在推动的六省（区）九地绿色金融改革创新试验区建设，六省为浙江、江西、广东、贵州、甘肃和新疆，其中新疆有三地（哈密市、昌吉州和克拉玛依市），研究结合绿色金融改革创新，拓展绿色金融在文旅领域应用，有利于进一步推动中西部地区文旅产业发展，从而丰富精神文化产品供给和消费。

第五，鼓励金融支持文化乡建，弥合城乡间文化发展的巨大差距。

虽然我国全面建成小康社会的目标已经基本实现，但是仍有很多短板，其中城乡之间仍然存在的巨大差距就是短板之一。2019年，我国城乡居民收入比为2.64∶1，城镇居民人均可支配收入为42359元，农村居民人均可支配收入为16021元，这也极大制约了缩短城乡之间的精神文化消费差距的努力。我国政府正在积极推动乡村振兴战略，中共中央和国务院于2021年1月印发《关于全面推进乡村振兴加快农业农村现代化的意见》，为"十四五"时期乡村振兴战略提出了具体的部署，中国人民银行联合乡村振兴局等有关部门根据这一部署又公布了《关于金融支持巩固拓展脱贫攻坚成果、全面推进乡村振兴的意见》，提出在八个方面加大对重点领域的金融资源投入，在有限的与文化相关的部分，我们看到的是鼓励金融"创新支持休闲农业、乡村旅游、农村康养、海洋牧场等新产业新业态的有效模式"等少数内容。这些至少能够为乡村文化建设和文明建设提供良好的基础。2022年4月初,文化和旅游部联合国家乡村振兴局及国家开发银行等部门发布《关于推动文化产业赋能乡村振兴的意见》,文件对金融支持乡村振兴有了较为具体的内容:国家开发银行在符合国家政策法规、信贷政策并遵循市场化运作的前提下,按照"保本微利"的原则,对乡村文化和旅游项目提供包括长周期、低成本资金在内的综合性优质金融服务支持。鼓励金融机构因地制宜、创新产品,通过上门签约、灵活担保、主动让利等多种方式,为乡村文化和旅游经营主体提供信贷支持。引导各类投资机构投资乡村文化和旅游项目。鼓励保险机构开展针对乡村文化和旅游项目的保险业务。

可见,城乡之间表面上是精神文化消费之间的差距,实际上还有很多问题需要纳入文化金融的视野。目前看主要方面有:广大农村地区公共文化服务基础设施建设问题,无数"乌兰牧骑"式的基层文化团体的文化生产问题,基于农村文旅产业的创客创新创业问题,大量非物质文化遗产的产业化问题,乡村文化产业数字平台应用问题,等等。以文化助力乡村建设,可称为文化乡建,文化产业可赋能乡村建设,艺术可助力乡村振兴,金融需要找到服务文化乡建的结合点。事实上,城乡间在文化上达到完全均等化是不可能的,但仍需尽可能弥合差距。

第六,发展基于数字向善的数字文化金融,促进数字文化消费均等化。

数字技术和数字经济正在改变很多我们以往惯常的逻辑,这是一个时代性话题。我们仍要补齐以往那些拼图,但现在必须考虑到数字的因素,因为数字正在对社会进行新一轮切割,形成新的文化不平衡群体。必须承认,所谓精神文化产品的生产或消费,会在不长的时期内完成基本的数字化迁徙。而在这个过程中,泰普斯科特在《数字经济时代》中称为"数字区隔"（digital divide）的现象越来越明显，现在很多人把这个叫作"数字鸿沟"。数字鸿沟使一部分人能够生活在数字化世界，而另一部分人生活在非数字化的折叠世界。后者可称为数字区隔群体，他们正在失去数字文化消费的权利，这些数字区隔群体以老年人居多，当然还有其他人群，如低教育水平人群、农村留守人群、残障人群等。

数字时代的文化金融与精神生活共同富裕的关系，可能需要落脚到数字文化金融这个命题上，也就是金融如何服务数字文化这个命题，数字文化可以是数字文化产业这个范畴，也可以是数字文化经济这个范畴。**无论是什么范畴，在共同富裕这个视角上，就是要聚焦到数字向善这个问题上**。这个问题的核心是在数字文化生产时，本着效率与公平兼顾的原则，生产何种产品、提供何种传播渠道、向谁提供服务等。资本在数字文化生产当中正在扮演着各种各样的角色，但那些数字向善的企业才是真正值得资本关注的企业。

叁 行业实践助力共同富裕

以更高质量金融服务促进共同富裕 / 刘　峰

普惠金融是实现共同富裕的有效手段 / 纪志宏

证券行业积极履行社会责任　促进提升发展的平衡性、协调性、包容性 / 安青松

共同富裕下保险资管行业改革发展的思考 / 曹德云

充分发挥信托制度优势　在高质量发展中促进共同富裕 / 姚江涛

数字普惠金融与共同富裕 / 郭　为

"新型实体企业"如何助力共同富裕 / 沈建光　朱太辉　张彧通

以更高质量金融服务促进共同富裕

刘　峰

习近平总书记在庆祝中国共产党成立100周年大会上强调，在新的征程上要"推动人的全面发展、全体人民共同富裕取得更为明显的实质性进展"。共同富裕是构建新发展格局下的"必答题"，是人民群众的共同期盼。金融是国之重器，具有调节优化资源配置的强大功能，对于促进共同富裕具有不可替代的作用。把促进共同富裕作为新阶段金融工作的出发点和着力点，为扎实推动共同富裕提供强大金融支持，是金融业高质量发展的重要时代内涵，也是商业银行应该扛起的政治责任，任务艰巨、使命光荣。

作者系中国银行业协会秘书长。

金融创新：助力实现共同富裕

一、银行业坚守初心，齐力助推共同富裕

1953年，中央在《关于农业合作化问题》的报告中第一次明确提出"共同富裕"的概念，强调通过工业化和农业合作化，使农民摆脱贫困的状况，共同富裕起来。1978年改革开放以来，通过允许一部分人、一部分地区先富起来，先富带后富，极大解放和发展了社会生产力，人民生活水平不断提高。党的十八大以来，共同富裕的理论与实践进一步丰富和发展。以习近平同志为核心的党中央团结带领全党全国各族人民攻坚克难、砥砺奋进，历史性地解决了绝对贫困问题，全面建成小康社会取得伟大历史性成就。在开启第二个百年奋斗目标的新时期，党和国家把促进全体人民共同富裕摆在更加重要的位置。党的十九届五中全会对扎实推动共同富裕作出重大战略部署，明确到2035年基本实现社会主义现代化远景目标，**其中首次提出"全体人民共同富裕取得更为明显的实质性进展"**。2021年8月，中央财经委员会第十次会议召开，研究扎实促进共同富裕问题。这为新时代推进共同富裕指明了前进方向，提供了根本遵循。

2021年8月，银保监会召开会议指出，把促进共同富裕作为金融工作的出发点。2022年3月，中国人民银行、银保监会等部门发布《关于金融支持浙江高质量发展建设共同富裕示范区的意见》，推动建立与浙江共同富裕示范区建设相适应的金融体制机制，支持浙江打造新时代全面展示中国特色社会主义制度优越性的重要窗口，预计将在特定领域形成阶段性标志性成果，发挥示范引领和外溢效应。当前，在政策指引下，银行业金融机构勇于担当作为，纷纷出台实施方案和具体举措，在普惠金融、乡村振兴、数字化服务、供应链金融等方面深耕细作，向实现全体人民共同富裕不断迈进。

（一）聚焦重点领域和薄弱环节，找准共同富裕的着力点和突破口

一是紧盯重点领域，做大共同富裕蛋糕。一方面，加大对科创、制造业等重点领域的金融支持，促进金融、科技良性循环。通过创新业务模式等方式做好对科技创新特别是解决"卡脖子"问题和产业链供应链自主可控等方面的金融支持。进一步加大对制造业的支持，提高制造业中长期贷款比重，重点支持先进制造业、战略性新兴产业，提高制造业企业自主创新能力。银保监会数据显示，截至2021年末，制造业中长期贷款余额同比增长将近30%，科研技术贷款余额同比增长28.9%。**另一方面**，持续加大对京津冀协同发展、长江经济带绿色发展、长三角一体化发展及黄河流域生态保护和高质量发展等区域发展战略的金融支持，培育好经济增长极，助力高水平城市群建设、区域发展，做大做强共同富裕蛋糕。以长三角地区为例，人民银行数据显示，截至2021年末，长三角地区各项贷款余额50.10万亿元，同比增长14.7%；各项存款余额60.95万亿元，同比增长11.5%。

二是紧盯薄弱环节，切好共同富裕蛋糕。一方面，积极利用金融科技等手段加大对小微企业信用贷款、首贷、续贷、中长期贷款产品的开发推广力度，精准满足市场主体融资需求，持续向小微企业合理让利，实现普惠小微贷款"增量、扩面、降本、提质"，推动城乡金融服务更加均衡。银保监会数据显示，近四年普惠型小微企业贷款平均增速超过25%，贷款利率累计下降超过2个百分点。截至2021年末，银行业金融机构小微企业贷款余额50万亿元。其中，单户授信总额1000万元及以下的普惠型小微企业贷款余额19.1万亿元，同比增速24.9%，较各项贷款

平均增速高近14个百分点；有贷款余额户数3358.1万，同比增加近785万户。**另一方面**，金融资源持续向农村地区倾斜，银行业服务农村客户的物理网点、自助机具和线上服务渠道不断协同完善，银行业金融机构乡镇覆盖率超过97%，基础金融服务行政村覆盖率接近100%，做到了基础金融服务不出村，综合金融服务不出镇。农村金融环境持续改善，通过线上线下多方合力，在农村大力开展普法教育、诚信教育，普及金融知识，增强农村客户的信用意识和风险意识，推动农村信用体系建设工作向纵深开展。此外，适当向西部、东北、中部地区倾斜金融资源，助力中西部等欠发达地区释放发展潜力，获得发展资源，助力区域协调发展。一些大中型银行发挥科技和数据优势，持续提升服务长尾客户、边远地区和乡村振兴的能力，助力区域协调发展。

（二）聚焦"以人民为中心"的发展思想，打造有利于共同富裕的生态环境

一是不断下沉经营管理和服务重心，推动服务向个体工商户、农户等延伸。在发展小微企业金融服务的同时，推广网格化管理模式，将经营重心向个体工商户客户群下沉，并加强农户金融服务，推动农业产业链生态场景落地。提供自助办理便捷服务，通过数字化、线上化，不断降低内部经营成本，为让利小微企业、个体工商户、农户等创造条件。有的商业银行通过信息共享、人脸识别等方式，最快一天即可完成从不动产查册、抵押到注销及预告抵押登记等业务办理，实现客户"一站式、零跑动"。

二是推动减费让利，进一步增强金融消费者获得感和幸福感。一方面，银行业金融机构认真落实金融助企纾困部署，主动完善内部利率传

导机制，合理确定小微企业、农户贷款利率，规范融资收费行为。银保监会数据显示，2021年新发放普惠型小微企业贷款利率为5.69%，较年初下降近0.2个百分点；全国银行业金融机构累计对16万亿元贷款本息实施延期。**另一方面**，监管部门加强服务收费治理，对银行业服务中小微企业、个体工商户过程中的收费情况，加大检查、处罚、通报的力度。银行业协会会同有关部门组织银行业金融机构推出降低ATM跨行取现手续费、小微企业和个体工商户支付手续费等措施共24项，预计每年为金融消费者节省手续费支出约240亿元。其中，2021年仅降低ATM跨行取现手续费一项，就实现减费让利40亿元。

（三）聚焦银行业数字化转型，提高支撑保障能力和服务水平

一是充分释放数据价值，激活小微企业与"三农"信贷潜力。在科技赋能下，通过对"数据资产"的管理，银行业将客户生产生活场景数据作为信用要素，推动内外部数据标准化、关联化，将数据资产转化为可量化的信用信息，为小微企业融资有效增信。在农村地区，银行机构利用大数据技术，挖掘分析海量的信用数据，从客户的年龄职业、生活习惯、消费习惯等维度全面了解客户，建立客户画像，农村信用环境正在从根本上发生深刻改变，为扩大"三农"领域信贷投放提供支撑。银保监会数据显示，截至2021年末，全国涉农贷款余额43.2万亿元，在各项贷款余额中占比超过20%，增速保持领先地位。

二是全面深化数字化应用，打造数字普惠发展新模式。商业银行运用数字化转型成果，聚焦小微企业、个体工商户、涉农客户、供应链上下游客户数据特点和差异化需求，开发设计数字化线上化产品体系，以

高效优质服务助力提升信贷服务公平性，让普惠群体均等享受优质金融服务。人民银行数据显示，近两年新增首贷小微企业179.9万户。目前，多家银行率先推出一站式移动金融服务平台，包括农业银行推出的"首户e贷"、建设银行创新的"裕农快贷"系列产品、工商银行研发推出的"民非护理站贷款"产品等。

三是持续优化服务渠道，提高基础金融服务可得性。银行业金融机构依靠科技支持，通过升级改造智能设备、APP，丰富完善服务项目等方式，提高各类客群的基础金融服务可得性。农业银行在县域及以下地区，建设了超过26.7万个惠农通服务点，以智能终端设备装备服务点，形成了覆盖农村生产和生活的庞大服务网络。

（四）聚焦发展完善适老金融体系，丰富服务共同富裕内涵

一是积极履行社会责任，努力破解老年客户在金融服务领域面临的"数字鸿沟"。银行业金融机构从持续完善线下适老金融服务、加快线上适老金融服务改造两方面入手，通过优化网点布局、完善服务设施、改进传统服务、优化自助设备、丰富电话银行功能、推进手机银行适老改造等方式，积极应对人口老龄化，提升适老金融服务能力，满足老年客户迫切需求。银行机构着手打造敬老服务特色网点，在软硬件设施、人文关怀等方面充分考虑老年人需求；加强员工适老服务意识和能力培训，努力提供符合老年人习惯的服务方式；不断优化自助设备、手机银行流程功能，提供快速切换适合老年人的交互界面，丰富老年人高频业务功能，提升操作便捷性友好性。

二是稳妥开展金融创新，建立完善养老金融供给体系。银行业金融机构积极探索养老服务金融、养老产业金融和养老金金融的协同发展，

充分发挥自身融资、服务、渠道等优势，瞄准"银发经济"，在养老政策宣导、产融结合、产品研发、金融服务、客户培养、投资者教育等多方面发挥综合性、系统性作用。一些银行机构统筹系统资源，加强养老业务相关部门、子公司之间的联动协调，不断提升综合化的产品和服务供给能力，建立完善具有较强适应性的养老金融供给体系。有的银行机构推出60岁以上"银发族"专属大额存单产品，有的银行机构针对老年客户办理社保业务推出自助快速换卡服务，"十地十机构"开展养老理财产品试点等。

二、银行业服务共同富裕任重而道远

银行业服务共同富裕，在实践中仍然存在金融供给体系不够健全、信用信息共享应用不够充分、农村金融环境不够完善、金融科技运用不够成熟等问题，具体表现在以下四方面。

第一，多层次特色化金融供给体系不够健全。我国幅员辽阔，各地发展水平、金融服务需求差异较大，与之相适应的层次分明、优势互补的差异化金融服务体系尚未完全确立。**一方面，供给主体不完善。**商业银行在县域、农村的分支机构、网点仍然偏少，而证券、期货和保险等金融机构参与程度相对较低，导致金融供给能力、融资便利性有待提升。就商业银行而言，大型银行服务重心下沉仍需加强，在欠发达地区服务覆盖率还不够高，没有全面深入了解小微企业、民营企业的融资需求；中小银行定位不清晰，服务本地客户的意愿和能力还有短板。**另一方面，特色产品不丰富。**商业银行抵质押、担保等传统产品占比仍然较高，个性化、定制化、场景化服务不足，信用产品、线上产品占比偏低。成本和收益不对等是银行开拓创新动力不足的一个重要原因。《2021年度中国银行业发展报告》研究显示，村镇银行、农村信用社、农村商业银行县域存贷比普遍在65%～70%，低于城市地区约20个百分点，而大型银行、股份制银行县域存贷比一般更低，部分县域行存贷比甚至低于50%。

第二，融资信用信息共享应用不充分。近年来，税务、海关等政府部门主动开放数据，支持金融机构基于政务数据推出"银税互动""银关互动"等信用贷款产品，解决了数以百万计小微企业的融资难题。但融资信用信息共享应用问题仍然比较明显，面临不少操作困难，特别是跨地区、跨条线共享制约因素较多，亟须构建全国一体化融资信用服务平台网络。同时，伴随信息安全保护法律法规不断健全，部分政府部门与外部机构的数据共享管理更为规范，在征信数据的采集上也提出了更严格的要求，客观上给银行对接外部第三方数据带来一定程度的影响，这需要一个适应、调整、规范的过程。

第三，农村金融环境基础设施不够完善。相比于城市较为成熟的金融市场，农村金融环境基础设施不够完善是制约农村金融服务发展的重要因素。多数农村地区存在产权不够清晰、抵押品处置难、市场流通性差等问题，导致农村信贷风险相对较高。"三农"客户财务管理不够规范，相关信息收集和证实较难，信息不对称问题相对突出，银保信农业保险数据、农业农村部新型农业经营主体直报系统数据刚开始对接使用，银行的有效数据获取仍主要依靠客户经理入村入户逐一调查采集，效率不够高，以致金融机构难以有效把握风险，推升金融服务成本。此外，由于涉农企业普遍存在生产受自然环境影响大、农产品收益不确定性高，自然灾害风险和市场价格风险交织等属性，涉农经营主体经营风险相对较高。

第四，金融科技有效运用不够成熟。近年来，商业银行在乡村振兴金融服务领域不断加大科技投入，乡村振兴金融服务的数字化经营能力已经有了较大提升，但对各类涉农数据资源的挖掘、整合与利用还不够充分，大数据、云计算、人工智能等新型技术手段在乡村振兴金融服务领域的应用还有较大提升空间，传统渠道的数字化改造还相对滞后。此外，部分普惠小微领域业务线上办理存在断点堵点，仍有一些环节需在线下进行，对业务办理的便捷性产生一定影响。

三、更加积极有为地促进共同富裕

在高质量发展中促进共同富裕既是党中央在向第二个百年奋斗目标迈进之际发出的动员令，也是金融业的重要任务和重大机遇。在新的发展阶段，银行业需要重新定位自身经营目标，不仅要追求业务发展目标，还应积极履行社会责任，把服务实体经济作为促进共同富裕的基本着力点，将助力共同富裕纳入商业银行发展战略的范畴，并在具体的经营管理实践中积极落实促进共同富裕的战略，将有利于促进共同富裕作为经营决策的重要参考依据。具体来看，需要重点做好以下五方面工作。

第一，完善金融服务共同富裕的体制机制。一是引导构建多层次、广覆盖、差异化的金融组织体系，大型银行下沉服务重心，增设服务小微企业、乡村振兴的专营机构和网点，延伸金融服务触角，提高服务便利性；中小银行扎根基层、服务当地，开拓特色化、区域化的普惠金融产品，培育差异化优势。**二是**推进金融基础设施建设，通过财政补贴、降低电信资费等方式扶持偏远、特困地区的网络建设，支持金融机构大力投放POS机、自动柜员机等，提供线上交易、支付结算服务，改善农村金融服务环境。**三是**完善融资主体信用体系建设，加快建立完善全国性信用信息共享平台，加强征信服务机构管理，拓宽金融机构信息收集渠道，降低信息不对称。**四是**鼓励金融机构创新产品和服务，充分利用再贴现、再贷款工具精准支持小微企业、"三农"领域，建立贷款风险共担机制，运用金融科技手段强化线上产品体系。

第二，加强政策指引，激发银行业支持共同富裕的内在动能。推动共同富裕是一个系统工程，需要多方力量参与其中。**普惠小微方面**，建议充分发挥北京证券交易所、"新三板"、区域股权市场等融资渠道以及天使投资基金、风险投资基金、产业基金等投资机构直接融资的作用，重点支持科技型小微企业创新创业，与银行形成前后衔接、相互促进的融资模式。建议国家融资担保基金、地方政府性融资担保机构与商业银行合作，建立并完善风险共担的政府性融资担保机制，进一步发挥好财政资金在解决小微企业缺抵押、缺担保难题中的撬动作用。此外，进一步丰富普惠金融内涵，健全发展机制，引导商业银行在金融启蒙、普惠保险、综合服务等方面积极发挥金融力量，承担更多社会责任，助力社会繁荣和人民富裕。**乡村振兴方面**，建议相关部门进一步出台政策，引导地方政府落实好农村金融发展责任，在继续扩大担保增信能力前提下，在设立乡村振兴基金、推进政务服务进网点、开展信用村信用户建设等方面，加大对金融机构指导支持力度，共同优化地方金融生态环境。针对金融机构向乡村振兴领域重点涉农主体发放的贷款，建议比照人民银行创设推出的碳减排支持工具，研究推出乡村振兴金融结构性货币政策工具，按贷款本金的一定比例提供资金支持，并给予一定的利率优惠，以引导金融机构在自主决策、自担风险的前提下，加大在乡村振兴领域的信贷投放，降低贷款利率。

第三，加强技术赋能，实现降本增效与价值提升。一是推进农村金融数字化发展。依托5G、智能终端等技术，开发线上服务平台或移动应用程序，推进全流程数字化的移动展业，支持涉农主体通过线上渠道自助获取金融服务，加强对农村老年人、残疾人等特殊群体的人工服务、远程服务和上门服务，打造线上线下有机融合的服务模式，开展农村网点服务模式创新，将流动金融服务和自助银行服务结合起来，提高农村地区长尾客户的服务效率和服务半径。**二是积极推进数字普惠金融**。持续增加普惠金融科技投入，充分利用大数据、区块链、人工智能等金融科技手段，覆盖营销、风控、运营各环节，线上线下双轮驱动，实现数据要素整合和共享，减少人工成本和经营成本。大型银行要充分发挥"头雁"作用，加快向中小银行输出风控工具和技术，从而为整个行业的数字化转型赋能，更好地助力数字普惠。**三是创新供应链金融服务**。为供应链上下游的小微企业提供一站式融资支持，从产、供、销、存各环节缓解企业融资痛点，切实提高融资便利度。此外，要加强数据安全和信息保护，优化征信体系建设，健全数字普惠金融监管体系，促进数字技术与实体经济深度融合。

第四，进一步发展第三支柱养老保险，稳步推进养老金融改革。我国已将积极应对人口老龄化、发展多支柱养老保险体系提升到国家战略高度，"十四五"时期第三支柱养老保险将迎来最好的发展机遇。建议有关部门尽快明确顶层设计，出台系列配套政策、措施和制度。**一方面，丰富第三支柱发展方式**。完善税收递延政策，加快建设发展个人养老金制度，将第三支柱个人养老金资金账户作为现有Ⅰ类、Ⅱ类、Ⅲ类银行账户以外的专用账户进行管理，支持全流程线上化管理。建议借助商业银行客户基础及账户管理角色定位，在银行业推广个人养老投资顾问业务，并提供默认投资工具，最大限度实现个人养老资产保值增值。**另一方面，稳步推进养老金融改革**。研究统一养老金融标准，开发并推出专属养老金融产品，坚持"长期投资—长期收益，价值投资—创造价值，审慎投资—合理回报"，体现资金安全性、投资长期性和领取约束性等特征。及时扩大第三支柱可投资品种范围，将银行储蓄、理财、基金等各类产品纳入其中，并统筹考虑与专属养老金融产品的政策衔接。

第五，厚植负责任金融理念，依法保护金融消费者合法权益。金融机构要贯彻负责任金融理念，全力维护金融消费者合法权益和金融秩序，通过联合多方力量开展消费者教育，加强宣传和舆论引导，不断提升金融消费者的金融素养和风险防范能力。相关部门要进一步建立健全金融消费者保护的法律法规体系，金融机构要积极探索数据信息和隐私保护新路径，提升实时监督、披露违法违规行为等各方面能力，有效遏制乱象，使普惠金融健康持久发展。

中国银行业协会作为行业自律组织，将坚持以人民为中心的发展思想，紧紧围绕履行"自律、维权、协调、服务"职能，通过政策宣导、交流培训、调查研究、协调联动等方式，更加有为地推动银行业以高质量的金融服务促进共同富裕，更好满足人民群众对美好生活的向往。

普惠金融是实现共同富裕的有效手段

纪志宏

习近平总书记在《扎实推动共同富裕》中指出"坚持以人民为中心的发展思想,在高质量发展中促进共同富裕",商业银行积极践行"金融为民"的初心使命,探索创新以金融力量和手段加快解决经济发展短板弱项的有效机制,加快构建高效服务实体经济的现代普惠金融体系,通过更均等化、更高质量的金融服务促进共同富裕。

一、普惠金融是重要的时代命题

普惠金融是把握新发展阶段、践行新发展理念、构建新发展格局的重要时代命题。

作者系中国建设银行副行长。

新时代我国经济发展的基本特征,是由高速增长转向高质量发展。高质量发展是实现质量变革、效率变革、动力变革的发展。

新发展阶段赋予普惠金融新的发展机遇。新发展阶段要实现三个"转变",不仅需要大企业的贡献,更离不开千千万万个作为经济毛细血管和微观细胞的小微企业精耕细作和辛勤创造。

综观德国、日本、韩国等国家的历史经验,小微企业在经济转型升级中成为创业创新的重要力量。以德国为例,1985—1996年经济转型升级的关键时期,中小企业技术专利申请占比成倍增长。这一阶段,小微企业从原先主要依靠低成本和廉价竞争,发展为依靠技术创新和品质竞争,在产业、产品的细化分工领域发挥出显著优势。

近期,我们提出"发展专精特新中小企业",既是小微企业再造新优势的着力点,同时也赋予了新形势下深化小微企业普惠金融服务的新机遇、新使命、新课题。现在一系列支持小微企业发展的货币信贷政策的出台,科创板和北交所等多层次资本市场建设的推进,以及数字技术的迅猛发展,都为推动更多小微企业成为新发展阶段创新主力军提供了新的重大机遇。

新发展理念赋予普惠金融新的发展内涵。纵观风云变幻的近现代金融发展史,我们既看到了工业革命、技术革命中巨大的金融推动力量,也看到了历次金融危机的巨大破坏作用。

当今世界,好金融、好社会,正在从理念、政策倡导走向实践自觉。从锦上添花到雪中送炭,从价值投资、长期投资到绿色投资、ESG投资,无不反映了金融发展观、价值观的深刻变革,新发展理念牢牢扎根,要求金融工作者以专业专注和责任担当,聚焦经济发展不平衡、不充分问题,聚焦人与自然和谐共生,聚焦社会治理体系和治理能力现代化,以数字普惠、绿色普惠、乡村普惠、"专精特新"普惠不断丰富普惠金融的内涵。**用好金融这把市场经济中"温柔的手术刀",促进金融资源配置更为公平有效,推动社会朝着向善向好的方向发展。**

新发展格局赋予普惠金融新的发展任务。国民经济内外循环取决于产业链、供应链能否实现供给韧性。就我国具体情况而言,无论是继续巩固存量的产业链完整优势,还是在国际分工中加快提升产业链附加值,促进产业链优势向价值链优势转变,都离不开千百万小微企业的重要作用。

顺应产业链供应链分工日益深化,金融服务产业链竞争力提升的着力点,应更加注重塑造一个大中小企业平等共生的新形态,通过创新金融服务和风险管理手段,让中小企业在供应链融资中逐渐摆脱资本不足的约束和大企业信用的依赖,享有更加充分和独立平等的金融服务;通过加强大企业对产业链的支付纪律、优化平等竞争秩序、供应链条企业信息传递共享等措施,**用好金融手段稳链固链,助推产业链良性循环和优化升级。**

二、数字化是新发展阶段下普惠金融助力高质量发展的必由之路

小微企业在经济迈向高质量发展中面临新机遇和新挑战,以及新使命和任务,普惠金融需要从政策支持、市场建设、制度完善、金融创新等多方面共同发力。其中,充分利用数字技术优势,促进"数字"和"金融"深度融合,是克服银企之间、企业之间信息不对称,推动小微企业金融服务做深、做细、做实、做优的重要途径。

建设银行大力推进普惠金融,2016年成功推出"小微快贷",积极

探索数字化、自动化、智能化的业务模式，有效缓解了传统模式风险大、成本高、效率低的问题。2019年1月，李克强总理来建行考察调研时，高度肯定建设银行通过科技手段推进数字普惠的创新实践，并寄语"小企业，大事业，无止境"。截至2021年6月末，全国普惠型小微企业贷款余额17.75万亿元，建设银行普惠金融贷款余额达1.71万亿元，惠及客户超过210万户。总结建设银行近年来数字普惠金融实践，主要有以下三点体会。

一是注重通过数字技术重构小微企业信用评价体系。基于客户生产生活场景提取数据作为信用要素，对内将小微企业和企业主资金结算、交易流水、投资理财等多维数据进行系统整合、动态跟踪、交叉验证；对外连通政府部门，形成以政府及公共事业类数据为主体、特色场景类数据为助力的外部数据体系。将内外部数据标准化、关联化，推动数据资产转化为信用信息，破解信息不对称的融资痛点，为小微企业融资有效增信。

二是注重通过数字技术提高金融服务效率。相比于融资成本，小微企业对融资效率往往更加敏感。银行传统的信贷审核周期通常要20天到一个月、企业需要提交大量材料，手续烦琐。使用数字技术后，银行可对小微企业和小微企业主个人多维度信息进行综合分析，实现对小微企业偿债能力和偿债意愿的批量化快速评价，大大优化了信贷服务及时性，提升了普惠客群的金融获得感和满意度，小微企业金融服务的规模效应也相应大幅提高。此外，建行推出了面向小微企业、个体工商户群体的"惠懂你"手机移动端综合服务平台，借助互联网优势，提升普惠服务的可得性和便利性。

三是注重通过数字技术丰富和深化服务方式。普惠客群不仅需要金融服务，金融服务也不仅是信贷。利用数字技术克服信息不对称的优势，普惠金融能够从单一的融资服务，深化为助力小微企业转型升级成长的赋能体系，建设银行依托建行大学，整合集团内部和知名高校等社会教育资源，推进金融启蒙，辅导企业利用金融工具助力经营管理；通过重塑产业链、交易链和金融链，丰富企业撮合场景，打造协同共生的供应链生态，为全链条企业提供金融＋非金融综合服务；结合科创企业的成长特点，以"创业者港湾"、投贷联动、股权基金等作为切入点，构建覆盖企业全生命周期的多元化科技金融服务体系。

三、普惠金融是一项长期系统工程，需要进一步夯实基础，高质量纵深推进

在监管部门着力引导下，我国普惠金融依托科技赋能、创新驱动，逐渐建立起新的服务模式，呈现出良好的发展态势。面对新阶段、新格局下的新要求，还须进一步发挥普惠金融科技属性、社会属性，夯实金融基础设施，推动普惠金融实现更广领域、更深层次和更高质量发展。

一是完善供给体系，形成多元化、相辅相成的发展局面。 进一步培育多元化差异化的普惠金融供给体系，持续激发普惠金融供给主体创造性。银行业全面深化数字化运营，持续推进线上改造和下沉服务，提升覆盖面和客户体验，更加突出个性化服务。大型银行须充分发挥集团化、多元化经营优势，整合内部资源，不断丰富普惠金融服务内容，构建层次丰富、覆盖广泛、合作良好的服务架构。互联网金融机构需找准定位，强化风险管理，利用平台优势形成良性互补。保险、信托、担保、证券等非银行金融机构也要积极参与，满足多样化金融需求。不同类型的金

融主体取长补短，相互竞合，共同塑造良性互动、合作共赢的生态环境。

二是完善多层次资本市场，支持企业创新发展。一方面，需要完善贯穿中小企业全生命周期的产品体系，细分客群，深化线上和线下融合，提供更精细化、量身定制的金融服务；**另一方面**，也要着力形成满足各层级中小企业资本补充、并购、上市等市场化的机制。

三是进一步开放数据并规范应用，为数字普惠模式的良性运转奠定基础。 由于数据源相对分散，缺乏整合共享及规范应用机制，数据壁垒、数据安全等问题仍然存在，数据获取途径、公共数据开放原则、数据规范应用规则、数据隐私保护等问题亟待解决。需要进一步加快大数据立法，对数据确权、数据交易、数据保护等进行规范。在此基础上，加大数据开放共享力度，打通数据融合应用的通道，实现数据生产要素的有效整合与深度利用。

四是进一步提升数字普惠金融风控能力。 近年来，数据相关的新兴风险问题逐步显现，如数据泄露带来的客户隐私暴露、数据造假带来的金融欺诈、模型低效带来的风险累积等，对金融机构提升风控能力提出了新的挑战和课题，需要在推动数字普惠金融发展的同时，进一步在消费者权益保护、反欺诈体系构建、模型风控长效机制建设等方面进一步加以完善，确保数字普惠金融行稳致远。

五是多方协同发力，促进供应链金融可持续、健康发展。 我国供应链金融历经20多年的发展，取得了一定的成效，同时也存在诸多方面问题，需要构建系统性机制，参与各方积极协同、一致行动、合力解决。

产业端要对自金融行为进行规范约束，避免核心企业过度利用自身信息垄断地位和有关账款，对中小企业形成挤压，也要注意避免排挤外部金融机构公平参与供应链金融业务。

金融端积极开展多路径研究探索，突破过度依赖核心企业的发展瓶

颈。利用自身优势,打造完整供应链科技输出解决方案。政府端在保证安全和隐私前提下,进一步开放公共单位数据信息。以差异化政策安排和专项激励,支持商业银行和核心企业充分开展供应链金融业务合作,不仅要解决好银企信息不对称问题,在供应链金融业务中还要解决好企业和企业信息不对称的难题,促进供应链金融等业务创新。

任重道远须策马,风正潮平好扬帆,普惠金融是促进社会公平正义、实现共同富裕的有效手段,是功在当代、利在千秋的伟大事业。建设银行积极落实党中央的决策部署,立足新发展阶段下普惠金融服务实体经济,特别是小微企业转型发展的新机遇、新课题、新使命,助力共同富裕,为实现中华民族伟大复兴中国梦贡献力量!

证券行业积极履行社会责任　促进提升发展的平衡性、协调性、包容性

安青松

习近平总书记指出:"共同富裕是社会主义的本质要求,是中国式现代化的重要特征,要坚持以人民为中心的发展思想,在高质量发展中促进共同富裕。"这为新时期证券行业统筹推进高质量发展与履行社会责任、促进共同富裕指明了方向。当前,我国正处于全面建设社会主义现代化国家、向第二个百年奋斗目标进军的新发展阶段,金融作为现代经济的核心,在服务经济社会高质量发展、促进共同富裕等方面应积极发挥应有作用。证券行业是现代金融体系的重要组成部分,面临新形势、新机遇与新要求,必须完整、准确、全面贯彻新发展理念,积极履行社会责任,以证券行业的高质量发展不断促进提升经济社会发展的平衡性、

作者系中国证券业协会党委书记、会长。

协调性、包容性。

一、履行社会责任是证券行业高质量发展的重要内容

（一）履行社会责任是证券行业义不容辞的使命担当

党的十九大报告指出，中国特色社会主义进入新时代，我国社会主要矛盾已经转化为人民日益增长的美好生活需要和不平衡不充分的发展之间的矛盾。当前我国社会生产力在很多方面进入世界前列，但是发展不平衡不充分问题十分突出，成为满足人民日益增长的美好生活需要的重要制约因素。2021年8月，习近平总书记在中央财经委员会第十次会议上强调，促进共同富裕，要提高发展的平衡性、协调性、包容性，加快完善社会主义市场经济体制，增强区域发展的协调性。2021年12月召开的中央经济工作会议提出，要正确认识和把握实现共同富裕的战略目标和实践途径。实现共同富裕目标，首先要通过全国人民共同奋斗把"蛋糕"做大做好，然后通过合理的制度安排把"蛋糕"切好分好。《中华人民共和国国民经济和社会发展第十四个五年规划和2035年远景目标纲要》提出，到2035年，人民生活更加美好，人的全面发展、全体人民共同富裕取得更为明显的实质性进展。这是我国进入新发展阶段的发展蓝图，也为全面建设社会主义现代化国家指明了前进方向。同时也对新时代企业履行社会责任提出了新要求、创造了新机遇。作为社会主义市场经济体系的重要参与者、推动者和受益者，证券公司是连接实体经济和资本市场的桥梁，在优化要素市场资源配置、促进创新资本形成、推动经济社会高质量发展等方面具有关键作用。长期以来，积极履行社会责任、服务国家发展战略、促进共

同富裕是证券行业肩负的责任担当。从助力打赢脱贫攻坚战到接续服务乡村振兴战略，证券行业始终坚持以强烈的政治责任感和历史使命感投入其中，为促进提升发展的平衡性、协调性、包容性持续贡献金融力量，在广大证券公司中履行社会责任已经成为一致共识和自觉行动。

（二）履行社会责任是证券行业高质量发展的重要体现

当前，我国经济已由高速增长阶段转向高质量发展阶段。高质量发展是"十四五"乃至更长时期我国经济社会发展的主题，关系我国社会主义现代化建设全局。高质量发展是保持经济持续健康发展的必然要求，是适应我国社会主要矛盾变化和全面建设社会主义现代化国家的必然要求，更是遵循经济规律发展的必然要求。高质量发展是一场关系发展全局的深刻变革，要重视量的发展，更要解决质的问题，在质的大幅提升中实现量的有效增长，给人民群众带来更多的获得感、幸福感、安全感。习近平总书记强调："高质量发展不只是一个经济要求，而是对经济社会发展方方面面的总要求；不是只对经济发达地区的要求，而是所有地区发展都必须贯彻的要求；不是一时一事的要求，而是必须长期坚持的要求。"证券行业是经济社会发展中的重要一环，推动证券行业高质量发展是经济社会高质量发展的题中之义，也是面临我国步入新发展阶段的必然选择。证券行业高质量发展，意味着证券行业在提升经济效益和核心竞争力的同时，要承担起对国家、社会、行业、投资者、股东、员工、公司治理等各类利益相关方的责任，实现经济责任、社会责任、环境责任的动态平衡。证券公司是资本市场中最重要的中介机构，服务实体经济是证券公司的本质宗旨，也是证券行业高质量发展的第一要义。证券行业实现高质量发展需要同步强化能力体系建设和责任体系建设。不断强化证券行业能力体系建设为证券行业履行社会责任奠定坚实基础，提升证券行业责任体系建设是证券行业金融服务能力不断增强的集中体现。只有**证券行业**责任体系建设与能力体系建设有机结合，相得益彰，才能**发挥好资本市场"看门人"、直接融资"服务商"、社会财富"管理者"、资本市场"稳定器"和市场创新"领头羊"的作用**，为实体经济与居民财富管理提供更高质量、更有效率的证券金融服务。

（三）新发展理念是证券行业履行社会责任的根本遵循

党的十八大以来，以习近平同志为核心的党中央科学判断经济形势，着眼于破解经济社会发展难题、厚植发展优势，提出"创新、协调、绿色、开放、共享"的新发展理念。党的十九大将新发展理念纳入新时代坚持和发展中国特色社会主义的基本方略，并强调"发展是解决我国一切问题的基础和关键，发展必须是科学发展，必须坚定不移贯彻创新、协调、绿色、开放、共享的发展理念"。这为中国今后经济的发展指明了方向。新发展理念是一个系统的理论体系，回答了关于发展的目的、动力、方式、路径等一系列理论和实践问题，阐明了我们党关于发展的政治立场、价值导向、发展模式、发展道路等重大政治问题。就新发展理念的科学内涵来讲，创新、协调、绿色、开放、共享是有机统一的整体，五个理念相互联系、相互贯通、相互促进、缺一不可。创新发展注重的是解决发展动力的问题，协调发展注重的是解决发展不平衡的问题，绿色发展注重的是解决人与自然和谐的问题，开放发展注重的是解决发展不平衡的问题，共享发展注重的是解决社会公平正义的问题。新发展理念集中反映了我们党对客观规律认识的不断深化，是新时代中国特色社会主义思想的重大理论创新和实践创新结果。理念是行动的先导。步入新发展阶段，我国证券行业面临的形势发生新的变化，社会责任的内涵和外延不断扩展。新发展理念既是证券行业高质量发展的行动纲领，也是证券行业履行社会责任的根本遵循。站在新的历史起点上，证券行业必须完整准确全面贯彻新发展理念，积极融入构建新发展格局，推动公司高质量发展与服务脱贫攻坚、乡村振兴、碳达峰碳中和、创新驱动发展等国家重大战略深度融合，助力证券行业履行社会责任谱写新的篇章。

二、深入贯彻新发展理念，探索证券行业履行社会责任的生动实践

近年来，证券行业坚持稳中求进，砥砺前行，资本实力和盈利能力不断增强，服务意识和规范水平不断强化，市场竞争力和系统重要性不断提升，在贯彻落实新发展理念、履行社会责任、促进共同富裕等方面的基础不断夯实。截至2021年末，证券行业共计140家证券公司，行业总资产10.59万亿元，净资产2.57万亿元，分别较2012年末增长5.2倍、2.7倍。2021年度全行业实现营业收入5024.10亿元，实现净利润1911.19亿元，分别较2012年度增长2.9倍、4.8倍。随着我国已转入高质量发展的新阶段，证券行业持续提升履行社会责任的意识和本领，在履行社会责任中全面贯彻践行新发展理念，将创新、协调、开放、绿色、共享理念融入公司发展实际，行业履行社会责任取得新进展。

（一）积极融入创新驱动发展战略，服务科技、资本与实体经济高水平循环

科技创新是提高社会生产力和综合国力的战略支撑，必须摆在国家

发展全局的核心位置。资本市场在支持创新驱动发展方面具有筛选培育优质创新企业、分散技术创新风险、优化创新资源配置等功能。证券公司通过价值发现、改制辅导、保荐承销、财务顾问等投资银行服务，借助资本市场促进创新资本形成和科创企业自立自强。自2019年注册制改革以来，证券公司服务410家"硬科技"企业登陆科创板，实现IPO融资超5500亿元；服务304家成长型创新创业企业通过注册制登陆创业板，实现IPO融资超2700亿元，培育了一批拥有核心技术创新能力的优质企业，产业集群效应显著。截至目前，科技创新型企业集聚的科创板、创业板及北交所上市公司共计1630家，市值逾15万亿元，占我国股票市场总市值的20%。证券行业积极服务注册制改革，在助力释放创新动力、激发创新动能等方面做出了应有贡献。同时，证券公司充分运用创新创业债等创新融资工具，为科技创新企业拓宽融资渠道，注入"源头活水"。2017年以来，证券公司承销发行103只创新创业公司债，服务企业融资近600亿元。

（二）围绕金融供给侧结构性改革，服务区域经济、中小微企业、民营经济协调发展

金融供给侧结构性改革的本质是通过改革实现金融基础制度的优化，引导金融资源合理配置、增强金融资源的有效供给，从而不断提升金融服务的质效和经济发展的整体性。证券行业聚焦解决中西部地区、中小微企业、民营企业"融资难、融资贵"问题，发挥资本市场配置资源的枢纽作用，引导金融资源更多投向重点领域和薄弱环节。截至目前，证券公司服务近7000家中小企业在新三板挂牌；2017年以来，服务新三板企业通过股票发行融资超2800亿元。截至目前，我国资本市场共有民营

上市公司2930家，占比62.6%，证券公司为壮大民营经济实力发挥了重要的金融中介作用。同时，证券公司创新金融工具，助力民营企业纾困，截至2021年6月末，证券公司管理的支民资管计划及其子计划累计投出超1000亿元，切实疏解了民营企业及其股东的流动性困难。2021年以来，证券公司承销发行乡村振兴债（含ABS）超150亿元；服务涉农企业通过资本市场融资超600亿元，助力乡村振兴国家战略，更好服务区域经济协调发展全局。

（三）打造可持续发展新动能，服务构建绿色低碳循环发展经济体系

坚持绿色发展，必须坚持节约资源和保护环境的基本国策，坚持可持续发展，坚定走生产发展、生活富裕、生态良好的文明发展道路。证券公司充分发挥中介机构优势，运用股权融资、债权融资等形式为绿色企业及绿色项目提供融资支持。截至2021年末，证券公司服务457家环保类公用事业及新能源类电气设备公司在A股完成IPO上市，实现融资3727亿元。2017年以来，作为绿色债券主承销商或绿色资产证券化产品管理人，证券公司承销发行235只产品，服务企业融资超3000亿元。2021年度，50家证券公司作为绿色公司债券主承销商或绿色资产证券化产品管理人（沪深交易所市场）共承销发行（或管理）102只债券（或产品），融资1376.46亿元。碳达峰、碳中和是构建人类命运共同体重要思想的伟大实践，是一场深刻的清洁能源革命、生产技术革命、社会治理革命，实现"30·60目标"是新发展阶段贯彻绿色发展理念和推动生态文明建设的量化目标。证券行业发挥贴近市场、面向未来、发现价格、注重实践的研究特色，结合碳中和经济的规律属性，深入分析电力、钢

铁、建材、交运、化工、石化、有色等高排放行业面临的现状，探索行业碳中和的实现路径，围绕控排行业的转型提供创新的绿色金融产品和服务方案，为打造绿色经济产业链、价值链、供应链提供价值引导。

（四）发挥内外联动的枢纽作用，促进形成对外开放新体制和双循环发展新格局

"对外开放"是我国的一项基本国策，通过推进高水平对外开放，牢牢把握世界科技革命和产业变革带来的机遇，更加充分地利用国际国内两个市场和两种资源，进一步巩固和提升中国在全球产业链供应链中的主导地位。证券行业在深化资本市场对外开放中，不断提升综合金融服务能力和国际竞争力，在引导要素资源跨境流动、服务企业跨境并购重组、服务居民实现全球化资产配置等方面更好发挥作用。截至2021年末，证券公司跨境资本业务规模超5000亿元；2021年度部分证券公司境外业务收入占比业已超过20%。在"走出去"方面，目前已有34家证券公司获准在境外设立子公司，15家证券公司实现H股上市，10家证券公司取得跨境业务试点资格。2017年以来，证券公司服务"一带一路"沿线企业等境外机构，在交易所市场成功发行熊猫债券超600亿元。在"引进来"方面，外资证券公司展业提速。目前我国共有外资参、控股证券公司17家，其中，外资控股证券公司9家，在建设更高水平开放型经济新体制进程中发挥了重要的桥梁作用。

（五）促进社会公平正义，增强服务人民共享发展成果的社会责任

共享发展是马克思主义的本质要求，核心是要坚持发展为了人民，

发展依靠人民，发展成果由人民共享。证券公司持续提升居民财富管理能力，通过多元化的资产配置有效满足居民资产保值增值需求，服务全体人民共享经济发展成果。截至2021年末，证券公司受托管理资产规模超10万亿元，代理销售金融产品存量规模近3万亿元。2017年以来，证券公司积极投身脱贫攻坚战，截至2020年末，证券公司结对帮扶307个国家级贫困县，积极开展基础扶贫、产业扶贫、新村扶贫、能力扶贫、生态扶贫，助力结对帮扶贫困县全部实现脱贫摘帽。自发布"一司一县"结对帮扶倡议以来，证券公司累计公益性支出达27.6亿元，有效发挥公益慈善作为第三次分配的积极作用，促进社会普惠公平和共同富裕。2021年，证券行业传承伟大脱贫攻坚精神，积极响应协会发出的"巩固拓展结对帮扶成果，担当推进乡村振兴使命"倡议，以传承行业"一司一县"脱贫攻坚精神为宗旨，按照"统一组织、独立运作、协同行动、提升形象"原则，发起促进乡村振兴公益行动，自发承诺首期公益投入3.3亿元，致力于践行创新、协调、绿色、开放、共享发展理念，开展助学、助老、助残、助医、助困等公益行动，助力乡村产业振兴、人才振兴、文化振兴、生态振兴、组织振兴，促进共同富裕和共享发展成果。

三、积极践行社会责任，以高质量发展提升服务国家战略能力

在高质量发展中服务国家战略，是行业机构成长进步的必由之路，也是行业机构理应担当的社会责任。"十四五"时期是推动行业高质量发展的关键时期。证券行业要更加主动作为，积极有为，更好地服务和融入国家发展战略，为经济社会高质量发展注入新的强大动力。推动证券

行业高质量发展,不仅要做大规模,更要做优做强,在推动创新驱动发展上有更高的适应性、在促进双循环发展上有更强的竞争力、在提高金融供给体系质量和效率上有更好的普惠性。

(一)提高政治站位,坚决贯彻落实新发展理念

党的十九届五中全会指出:"把新发展理念贯穿发展全过程和各领域,构建新发展格局,切实转变发展方式,推动质量变革、效率变革、动力变革,实现更高质量、更有效率、更加公平、更可持续、更为安全的发展。"作为现代化经济体系的重要参与者和推动者,证券公司要准确把握新发展阶段,积极践行新发展理念,在构建新发展格局中找准定位、主动站位,建立政府、市场对行业的信任度。证券公司要充分发挥资本市场与实体经济的核心中介作用,增强服务实体经济能力,助力产业结构转型升级,在优化融资结构、激发经济活力、培育创新动能中发挥积极作用。在实现"碳达峰、碳中和"目标中,积极发挥好投资银行的市场和价格导向作用,服务构建低碳绿色循环发展经济体系。在深化资本市场对外开放中,不断提升行业综合金融服务能力与国际市场竞争力,在高水平对外开放中建立竞争优势。

(二)聚焦主责主业,努力提升服务实体经济能力

金融是实体经济的血脉,为实体经济服务是金融的宗旨,是一切金融活动的出发点和落脚点。服务实体经济是证券行业高质量发展的本质要求,也是发展资本市场的初心使命。证券行业要围绕增强服务实体经济能力中心任务,坚持市场化、法治化发展方向,遵循"回归本源、优化结构、强化监管、市场导向"四项做好金融工作的重要原则,充分发

挥投资银行资本中介功能和投融资枢纽作用，突出为经济创新驱动发展和科技自立自强，提供更加多样化的金融工具，助力畅通科技、资本和实体经济的高水平循环。同时，聚焦实体经济优化资源配置和居民财富管理需求，提供更高质量、更加精准、更有效率的证券金融服务。

（三）突出专业能力，协同推进业务风控平衡发展

专业是行业机构安身立命之本。随着资本市场改革的持续推进，证券公司只有不断强化专业能力建设，探索差异化发展、特色化经营之路，才能为自身高质量发展拓展更广阔的空间。全面实行股票发行注册制改革，是2022年中央经济工作会议和政府工作报告确定的资本市场改革发展的目标和任务。证券公司必须切实树立以客户为中心的理念，全面提升全业务链投资银行服务能力，注重各业务条线在客户、业务、牌照、资金、风控等方面的整合与协同，构建起全面综合、高效协同的业务体系和支持体系，满足全方位、全生命周期的投融资需求，加快向综合性的现代投资银行迈进。同时，必须提升全面风险管理水平，健全与其自身发展战略相适应的全面风险管理架构，完善事前、事中与事后的风险防范、监控与评价工作，不断完善与注册制相适应的责任体系，重塑和强化证券公司在培育发行主体、询价定价、保障交易、风险管理、投资者适当性管理等环节的责任，形成发行人质量、发行价格等方面的市场化约束机制，全面加强自身的声誉风险管理和声誉资本建设。

（四）注重价值引领，久久为功推进行业文化建设

证券行业是提供智力服务、专业服务的金融中介，专业化程度要求高，人才是关键因素。必须加强文化建设凝聚证券人才队伍建设的正

能量。行业文化建设需要遵循文化形成的一般规律和内在逻辑，有序推进。首先是以制度建设强基。行业机构应当将合规、诚信、专业、稳健的文化要素，作为基本要求嵌入证券机构业务流程、内部控制、合规管理之中制度化、规范化，以制度承载道德理念、固化良好品行、强化文化认同。其次是以生态培养固本。通过制度执行，增进认知认同，使文化建设与公司经营、个人执业行为相融相通，为文化建设创造良好的内外部环境和市场生态。最后是以文化形成致远。使行业的价值追求、经营理念、行为规范变为一种习惯，成为从业人员的内心觉醒和自觉行动，成为行业的鲜明标识和共同气质，最终形成普遍的、自发的价值认同和文化积淀。文化建设是资本市场健康发展的支柱，也是证券公司行稳致远的立身之本。证券公司必须坚持正确的方向，切实肩负起行业文化建设的主体责任，以践行新发展理念作为行业文化建设的主题内容、以防范金融风险作为行业文化建设的重要使命、以防止资本消极作用打造行业文化建设的中国特色、以促进人的全面发展作为行业文化建设的实践方向，稳步推动中国特色证券行业文化建设，不断增强证券公司的文化"软实力"和核心竞争力。

（五）强化责任担当，守正笃实推进社会责任实践

共同富裕是社会主义的本质要求。积极履行社会责任、服务国家战略、促进共同富裕是行业高质量发展的重要内容，也是行业应有的责任义务。面对乡村振兴新任务、绿色发展新理念、社会责任新使命，证券行业要持续巩固拓展脱贫攻坚成果，接续投身到乡村振兴、生态文明建设和低碳绿色循环经济发展等国家重大发展战略中去，要继续发挥公益慈善作为第三次分配的积极作用，努力回报社会，促进共同富裕。行业

机构要充分发挥专业优势，发挥行业智库作用，加强对宏观经济、资本市场、行业发展的研究和对政策的宣传解读，积极建言献策，正面引导市场预期，在经济社会发展中传递证券行业正能量。

踔厉奋发敢担当，勇毅前行创未来。促进共同富裕是新时代赋予的光荣使命，履行社会责任是证券行业高质量发展的必然选择。在新的发展阶段，证券行业应准确把握新任务新要求，完整、准确、全面理解新发展理念，自觉主动地把行业发展、公司发展放在党和国家工作大局中进行谋划，统筹推进证券行业高质量发展与履行社会责任、促进共同富裕伟大实践。

共同富裕下保险资管行业改革发展的思考

曹德云

习近平总书记指出,共同富裕是社会主义的本质要求,是中国式现代化的重要特征,要坚持以人民为中心的发展思想,在高质量发展中促进共同富裕。近年来,保险资产管理业坚持以习近平新时代中国特色社会主义思想为指引,立足新发展阶段,贯彻新发展理念,构建新发展格局,以供给侧结构性改革为主线,坚持稳字当头、稳中求进、稳中创新,秉承稳健发展、绿色发展、创新发展、规范发展、科技发展理念,服务国家重大战略、支持实体经济发展,切实将行业高质量发展融入国民经济循环的新体系,着力服务实现共同富裕的战略目标。

作者系中国保险资产管理业协会执行副会长兼秘书长。

一、健康高质量发展是行业助力实现共同富裕发展目标的坚实基础

保险业既是国计民生的风险"缓冲垫",又是实体经济的发展"推进器",在共同富裕的大背景下,始终发挥着"保障+促进"的双重作用。在资产端与负债端的双轮驱动下,保险资金运用和保险资管业的高质量发展始终是保险业在坚持高质量发展中促进共同富裕的重要基石。

一是全行业运行整体稳健。 目前,我国保险市场规模仅次于美国,位居世界第二位。2021年全年,我国保险业原保费收入4.49万亿元,2022年前2个月,原保费收入1.296万亿元。保险资产规模和保险资金运用余额持续稳步提升。截至2月底,保险资产总额25.5万亿元,保险资金运用余额近23.4万亿元,分别较2021年同期同比增长6.1%和5.62%。这促使保险资金运用能力不断增强,保险资产管理公司资产管理规模也实现持续增长。中国保险资产管理业协会调研数据显示,截至2021年底,保险资产管理公司资产管理总规模合计近20万亿元,创出近五年的新高,同比增长超过11%。机构管理的系统内保险资金规模占比近八成,行业服务保险资金的核心专长进一步强化。

二是长期投资、稳健投资、价值投资、多元投资理念持续深化。 保险资金顺应市场环境变化,在战略配置基础上,不断提升战术配置能力和配置优化能力,发挥资金运用渠道和范围广泛涵盖全市场投资品种的优势,保障了保险资金安全性、流动性、收益性的有机统一。截至2022年2月底,保险资金银行存款2.79万亿元,占比11.9%;债券9.14万亿元,占比39%;股票和证券投资基金2.95万亿元,占比12.6%;其他投资8.52万亿元,占比36.5%。2021年保险资金投资收益率达到4.66%,始终保持

相对平稳水平，对提升保险业利润水平、改善偿付能力、有效化解风险发挥了重要的积极作用。保险资产管理公司长期重视投资管理能力建设，目前传统投资和另类投资领域能力基本实现全覆盖，不同公司之间投资管理能力差异也在逐渐缩小。近期总体来看，固定收益类资产配置有所上升，整体配置结构基本稳定。

三是市场主体更加丰富多元。 2021年批复设立5家保险资产管理公司，其中国寿投资、人保资本、太平资本三家保险资管公司相继获批成为持牌机构。同时，首家外商独资保险资管公司——安联资管获批开业，充分印证了我国金融业持续开放的决心和信心。截至目前，共有保险资产管理公司33家，11家香港子公司、18家保险私募股权管理公司，还有180余家资产管理中心或资产管理部门，全行业投资从业人员超过13000人，建立了专业化、市场化、规范化、集约化的资产管理体制，涵盖了委托投资和自主投资、业内受托和业外受托、境内投资和境外投资、保险资金管理和其他资金管理相结合的资产管理模式。

四是保险资产管理业第三方服务能力不断提升。 保险资产管理机构长期资金管理能力和稳健投资能力已经得到银行资金、各类养老金等市场资金的积极认可，为保险资产管理机构增加了第三方资金来源。特别是养老金管理领域，在基本养老金方面，社保基金理事会首次公开招标，就有6家保险机构入选基本养老保险基金投资机构；在企业年金方面，截至2021年12月末，13家受托管理机构中，6家为保险机构，其累计受托规模1.37万亿元，约占企业法人受托业务的76.1%，22家投资管理人中，7家为保险机构，投资管理资产合计1.33万亿元，市场占比约52.1%；在职业年金方面，在全国33个统筹区（含31个省、市、自治区，以及中央国家机关事业单位、新疆生产建设兵团）职业年金受托人中，保险机构占比过半。

五是行业服务实体经济质效显著提升。保险资金通过债权投资计划、股权投资计划、保险私募基金等另类投资模式为国家战略和实体经济提供长期资金支持。截至2022年3月底，债权投资计划、股权投资计划和保险私募基金共登记（注册）2400余只、规模近5.5万亿元，主要投向战略新兴产业发展、重点基础设施、区域发展、国企混改、民生建设、防疫抗疫、脱贫攻坚与乡村振兴等，打造了太平洋—中国广核集团债权计划、建信保险资管—国家制造业转型升级基金项目股权计划、人保上海科创基金等一批兼具经济效应和社会效应的品牌项目。同时，协会还依托"资管汇APP"打造项目对接平台，覆盖相关省市21个、实体企业121家、融资项目近2000个，意向融资需求近6万亿元。

六是行业防范化解风险的综合能力显著加强。防控金融风险是当前和下一阶段金融工作三大重点任务之一。近年来，伴随资管新规和保险资管产品"1+3"规则落地，保险资管产品规范水平得到进一步提升。2021年，随着银行业保险业"内控合规管理建设年"活动的开展，保险资管机构切实压实主体责任，将常态化的强内控、促合规与阶段性的补短板、除顽疾相结合，持续完善内控制度，优化公司治理，健全各类风险监测机制，强化风险处置能力。总体来看，全行业增量风险实现了相对较为有效的管控，存量风险得到稳妥处置，合规文化进一步内化于心、外化于行，促进保险资金更好地发挥保障金融市场稳健发展的中坚力量。

二、政策体系持续优化为行业高质量发展提供不竭动力

近年来，保险资金运用监管体系紧紧围绕新发展理念，坚持以稳健

步伐，持续完善与革新，切实将党中央国务院决策部署落到实处，扎实推进市场化改革，不断深挖保险资金长期优势深化金融供给侧结构性改革、服务实体经济、应对多重风险挑战、助力实现共同富裕的内生动力。

一是落实资管新规精神，增强行业创新的广度深度。 在全面对标《关于规范金融机构资产管理业务的指导意见》基础上，银保监会先后发布《保险资产管理产品管理暂行办法》及配套实施细则，从法规框架、治理机制、标准规范三个层次，坚持严控风险的底线思维，坚持服务实体经济的导向，稳步增强行业创新的深度和广度，推动保险资管行业立足自身特色，融入大资管市场发展趋势，进而实现高质量发展；制订出台《关于资产支持计划和保险私募基金登记有关事项的通知》，强化产品特质及运作规范，推进构建多层次、广覆盖、差异化的资产管理产品体系。

二是顺应市场改革方向，优化分类及差异监管模式。 目前，保险资产管理公司作为保险资金的核心管理人，已经成为我国金融市场的重要参与者。金融市场的深刻变革特别是金融供给侧结构性改革的深入推进，对保险资产管理公司合规经营、创新发展提出了更高要求。银保监会制订了《保险资产管理公司监管评级暂行办法》等，从加强机构监管的角度实施精准化、差异化监管，通过分类施策、因司施策，实现扶优限劣、正向激励，促进市场主体合规稳健经营和高质量发展。同时，通过《关于优化保险机构投资管理能力监管有关事项的通知》推进保险资管机构持续、全面强化投资管理能力建设，激发保险资金投资活力，更好支持实体经济和资本市场发展。

三是持续拓展投资渠道，为行业创新提供政策空间。 近年来，保险资金运用监管法规体系不断完善，银保监会先后出台了《保险资金参与国债期货交易规定》《关于保险资金参与证券出借业务有关事项的通知》《关于保险资金参与长租市场有关事项的通知》等多个专项政策，在拓展保险资金运用渠道、丰富投资方式的同时，为创新产品、业务提供政策空间，不断完善保险资金运用的政策体系，进一步发挥政策组合优势。其中，《关于保险资金投资公开募集基础设施证券投资基金有关事项的通知》推进保险资金参与公募REITs生态，有效盘活存量资产，形成存量资产和新增投资的良性循环；《关于保险资金投资债转股投资计划有关事项的通知》明确保险资金通过多种方式参与市场化法治化债转股业务，优化企业融资结构，提升企业发展水平。

四是把脉市场发展需求，为持续创新消除政策障碍。 坚持问题导向，针对行业发展的痛点与难点，银保监会修订原有政策框架及标准，包括制订《关于优化保险公司权益类资产配置监管有关事项的通知》，对保险公司权益类资产配置实施差异化监管，支持偿付能力水平充足、财务状况良好、风险承担能力较强的保险公司适度提高权益类资产配置比例，为实体经济和资本市场提供更多资本性资金；出台《关于修改保险资金运用领域部分规范性文件的通知》，允许保险资金投资由非保险类金融机构实际控制的股权投资基金，取消保险资金投资单只创业投资基金的募集规模限制，支持保险机构加强与专业股权投资机构合作，丰富创业企业长期资金来源。

三、持续深化自律组织在促进行业高质量发展、助力实现共同富裕中的服务保障作用

为贯彻落实党中央关于推进市场化改革、转变政府职能的总体要求，

推动保险资产管理市场化改革，促进保险资产管理健康发展，中国保险资产管理业协会获批成立。协会作为经国务院同意、民政部批准，受中国银保监会直接领导，由保险资产管理行业自愿结成，专门履行保险资产管理自律职能的全国性金融自律组织，长期积极发挥市场主体和监管部门之间的桥梁和纽带作用，履行自律、服务、创新、维权四大职能，推动行业高质量发展，引导行业在服务国家战略，特别是服务实现共同富裕目标过程中，充分施展好自身特色专长。

一是落实登记制改革，增强行业高质量发展的潜能动力。 按照保险资管产品"1+3"规则精神，推进债权投资计划、股权投资计划、保险私募基金登记制改革，调整规则指引，完善技术系统，优化产品登记服务，真正实现"放管服"。协会在监管部门指导下，制定并发布了《关于印发〈债权投资计划产品登记管理规则〉〈股权投资计划产品登记管理规则〉的通知》《保险私募基金登记管理规则》，实现了债权投资计划、股权投资计划、保险私募基金从"注册制"到"登记制"的平稳过渡。同时，协会进一步梳理制度规则，制定并发布了《债权投资计划登记业务指引（第1号）》《债权投资计划募集说明书信息披露指引》等自律规则，明确了相关业务标准和信息披露规范，提升了产品登记工作透明度和规范性。

二是加强机制模式创新，提升险资服务实体经济效能。 第一，成立"服务实体经济工作领导小组"，统筹协会服务实体经济相关工作。与26个省市签署战略协议，建立战略合作关系的省市累计达到28个，线上线下开展投融资对接活动46场，通过险资政策讲解、重大项目推介、投资项目洽谈等方式，营造良好的投资氛围，建立常态化"险资项目"对接机制。**第二**，筹建创新实验室，通过机动灵活的组织架构与工作机制，力争引领行业创新方向，积聚行业创新动力与能力，推进创新产品及创新业务的落地与实施。**第三**，科技赋能精准滴灌实体经济，建设"资管汇"科技平台，形成地方实体企业与保险机构的"信息直通车"，为投融资双方提供精准指引。**第四**，推介、路演优秀项目，重点着眼粤港澳大湾区、新基建等国家战略方向的直接融资需求，引导保险资金立足自身中长期资金优势，通过债券、股票、股权投资等方式为实体经济提供直接融资，助力实体企业改善融资结构、提升融资质量。

三是强化前瞻趋势引领，加大双碳、养老等战略领域研究。一方面，紧紧围绕"碳达峰、碳中和"战略目标，推动行业加速构建并不断深化绿色投资理念。协会充分发挥行业引导作用，先后发布《中国保险资产管理业绿色投资倡议书》《资产所有者ESG投资指南》《助推实现"碳达峰""碳中和"倡议书》，组建责任投资专业委员会，推进行业深刻认识"双碳目标"对行业转型和可持续发展带来的重大机遇，探索发掘在清洁能源、环保节能、绿色交通、绿色建筑等低碳转型中的投资机遇。**另一方面**，聚焦国内外养老金融领域开展深入研究，组建了养老金管理专业委员会，开展"全民大众话养老"养老金融主题教育，推动养老金融产品高质量创新，持续开展养老金管理领域理论和实证研究，加强养老金领域国际合作，参与国际养老金监督官组织（IOPS）工作组会议，支持行业养老金资产配置、产品创新、模式探索等养老金融业务发展。

四是发挥协会平台优势，推进"资金—产品—产业"对接。依托协会产品专业委员会、股权投资专业委员会等专家平台，调研行业发展动态，开展创新业务探索研究，组织行业探索服务实体经济新方式、新路径；开展保险资管产品创新推介活动，对服务供给侧结构性改革、"两新一重"、先进制造业、战略性新兴产业等重点领域和工程的保险资产管理产品和保险私募基金进行重点推介；通过创新沙龙等形式，邀请监管部门及业内头部机构进行主题分享，内容包括保险资金参与基础设施公募REITs、城市更新、资产证券化等。

五是强化业务运行监测，为创新打造有力基础设施平台。 建立健全行业投资能力自律建设，在监管部门指导下，制订《保险资产管理公司投资管理能力建设及自评估信息披露自律规则（试行）》，全面深入分析保险资管行业投资管理能力建设现状，描绘行业投资管理能力各个方面建设情况并指出突出问题；强化数据智能化统计分析，形成数据画像等行业性公共服务产品，为监管部门和市场机构研判行业发展趋势提供有力支撑，提升协会数据产品价值；搭建数据中心、资料中心、档案中心、法律资料中心及产品登记、股权报告、会员服务等9个信息系统，发挥金融科技实验室作用，促进金融科技步入行业实际业务场景应用。

四、支持国家发展大局是行业助力实现共同富裕战略目标的核心要务

保险资金作为我国金融市场的重要机构投资者和国家重大基础设施建设的重要资金提供者，在服务国家地区建设与国民经济发展中起到十分重要的积极作用，直达国家战略、区域发展、绿色产业等实体经济和民生建设的终端，参与了京沪高铁、舟山跨海大桥、商用大飞机、西气东输等一系列重大项目的投资建设，以"聚焦实体、服务大局"为根本遵循，促进国民经济在实现共同富裕的道路上扎实前行。

支持国家重大战略方面，截至2022年3月末，保险资金实体投资项目中涉及新基建的债权投资计划登记（注册）规模近1250亿元，主要投

资城际高速铁路和城际轨道交通715亿元、特高压250亿元、大数据中心225亿元。保险资金以股权投资计划形式进行新基建投资的登记（注册）规模为110余亿元，涉及信息技术、创新科技等领域。此外，保险资金以债权投资计划形式，登记（注册）交通、市政、水利等基础设施相关债权投资计划1400余只，登记（注册）规模超过3.25万亿元。

支持战略性新兴产业方面，债权投资计划、股权投资计划支持战略性新兴产业登记（注册）规模达4210亿元，投资领域主要包括高端装备制造业、新能源产业、节能环保产业、新一代信息技术产业等。中保投资发起设立专项基金，分别参与中芯国际和孚能科技的科创板IPO项目。大家人寿成功获得中芯国际战略配售，国内芯片领域重量级企业中芯国际登陆科创板。

支持"双碳"目标及绿色产业方面，债权投资计划、股权投资计划和保险私募基金支持绿色产业发展登记（注册）规模近1.1万亿元。其中，债权投资计划投资项目中涉及绿色产业的登记（注册）规模近万亿元，投向的主要领域包括交通3415亿元、能源3246亿元、水利729亿元、市政611亿元等；股权投资计划投向中涉及绿色产业的登记（注册）规模为263亿元，其中直接投向环保企业及清洁能源企业股权144亿元、投向清洁能源产业基金权益119亿元；保险私募基金投向中涉及绿色产业的登记（注册）规模为730亿元，基金重点投资可再生能源等项目。

服务区域协调发展、实现共同富裕方面，保险资金以债权投资计划、股权投资计划形式，支持长江经济带发展的登记（注册）规模达1.15亿元，推动长江上中下游地区协调发展和沿江地区高质量发展；支持京津冀协同发展的登记（注册）规模超过5860亿元，为打造现代化新型首都圈，形成京津冀目标同向、措施一体、优势互补、互利共赢的协同发展新格局贡献力量；支持国家级新区发展的登记（注册）规模达2135亿元，投资助力新区成为高质量发展引领区、改革开放新高地、城市建设新标杆。

五、助力脱贫攻坚和乡村振兴是行业助推实现共同富裕的直接实践

近年来，中国保险资产管理业协会切实扛起助力脱贫攻坚和乡村振兴的政治责任，连续五年发布中国保险资产管理业帮扶倡议书，引导保险资产管理业加强协同、凝聚力量、汇集资源、创新手段，通过基础设施、不动产债权计划、资产支持计划等方式推进精准帮扶。截至2022年3月底，债权投资计划涉及脱贫攻坚和乡村振兴项目合计登记（注册）规模660亿元。同时，协会创立"1+5"帮扶思路，并不断创新拓展其内涵，从资源对接与党建帮扶、消费帮扶、设施帮扶、能力帮扶、产业帮扶，到巩固拓展脱贫成果与助力乡村振兴、助力高质量发展、助力新型城镇化建设、助力构建现代乡村产业体系、助力形成乡村人才振兴合力，携手行业向定点扶贫地区内蒙古察右后旗乌兰哈达苏木累计投入600余万元，聚行业之心，汇各方之力，帮助乌兰哈达提高党员活动和群众办事工作条件，改善农牧民生产生活环境，扶助当地特色产业扶贫项目建设，推动当地形成了产业带动脱贫的长效机制，协助应对防疫物资供应紧张问题，缓解农牧产品滞销困难，促进农牧民保产保收。乌兰哈达贫困发生率已由2014年的11.4%下降至全部清零，协会引导行业支持的平地脑包蘑菇大棚集体经济顺利投产，助力当地村集体经济实现年增收18万元，为苏木提前实现脱贫摘帽、迈向乡村振兴新征程奠定了坚实基础。

保险资金规模大、期限长、来源稳定，长期以债权投资计划等保险资管产品的形式，服务国家重大基础设施建设和重点产业布局，为经济发展挖掘新潜力、培育新动能，这为保险资金助力在脱贫攻坚中补短板强弱项、在乡村振兴中夯基础锻专长找到了重要支点。 目前，通过保险资管产品服务贫困地区实体经济，提升基础设施水平，夯实产业扶贫带贫能力，推动民生持续改善，形成"以发展促增收、稳脱贫、谋振兴"的长效机制，成为保险资金助力脱贫攻坚和乡村振兴的特色途径之一，也为保险资金支持脱贫攻坚和乡村振兴找到了一条良性互动的双赢之路。

协会重点引导保险资金加大帮扶支持力度，按照风险可控、商业可持续原则，以债权、股权、基金、资产支持计划等多种保险资管产品形式，积极参与经济薄弱地区基础设施、重点产业和民生工程建设，支持可带动贫困户稳定脱贫、吸引困难农户长期就业的重点产业项目主体的融资需求。 特别是，按照监管部门《关于保险资金投资政府和社会资本合作项目有关事项的通知》的部署精神，为标的项目符合相关脱贫攻坚和乡村振兴标准的保险资管产品开设登记（注册）绿色通道，通过建立完备的机制流程保障，对报送的产品实行"三优先"，即优先安排专人受理，优先实施并联查验，优先完成产品登记（注册），进一步加速了保险资金与经济薄弱地区基础设施、特色产业等项目融资的高效融通，有效缓解相关地区大型重点项目的融资困难。截至2022年3月底，协会通过脱贫攻坚与乡村振兴绿色通道完成保险资管产品登记（注册）9只，规模174亿元，为四川、云南、贵州等多个省份经济薄弱地区的基础设施建设和特色产业发展保驾护航。

围绕实现共同富裕的战略目标，保险资产管理业积极履行社会责任，践行初心使命,高度重视民生,切实关注民生,全力推进以服务民生为重点的项目建设,始终争做助力脱贫攻坚和乡村振兴道路上的"排头兵"。在踊跃参与行业助力脱贫攻坚和乡村振兴的机构中,涌现出一批以创新金融帮扶手段、改进金融帮扶方式疏解民生痛点的优秀实践。

在解民生之忧方面,针对贵州多地山高坡陡,地面土层薄,设施落后,存水蓄水难,导致群众饱受缺水苦恼的问题,水资源短缺严重制约了当地产业发展等问题,新华资产通过产品注册"绿色通道"成功发行"新华—贵州水投水务基础设施债权投资计划(1、2期)",为贵州省三个县城、多数困难区域和村镇募集资金13.3亿元,建设、更新、运营供水设施,项目建成后自来水直接入户,直接解决150余万农村、乡镇人口的安全饮水问题。

在夯民生之基方面,合众资产积极探索四川省宜宾市贫困地区特色产业优势、挖掘潜力项目,设立"合众—宜宾国资国家级贫困县对口扶贫项目(1、2期)",投资建设四川省屏山县海屏纺织产业示范园经营性项目。助力当地培育有经济辐射效应的特色产业力量,形成"以特色产业促经济、促就业"的长效脱贫机制和可持续发展机制。该示范园建设项目有望成为东西部扶贫产业协作示范基地及西南最大的特色纺织产业园,预计总产值达200亿元,就业达18000人,解决建档立卡和临贫易贫人口2000人以上。

在谋民生之利方面,生命资产结合甘肃省、河北省当地实际,以债权的形式投资建设兰州国际高原夏菜副食品采购中心、河北新发地农副产品物流园两个惠农项目,以提供扶贫特色展厅,无偿设立专门销售贫困县农副产品的扶贫专柜,优先收购贫困县的农副产品等措施,着力解决农民卖菜难等农副产品滞销问题,进一步优化地区商品交易市场空间布局，发展多种富民产业，培育产业化龙头企业、农民合作社等新型经营主体，带动贫困户脱贫增收、稳定致富，为当地打赢脱贫攻坚战起到积极的促进作用。

在拓民生之源方面，香格里拉市地处高原，自然灾害频繁，经济来源有限，抗风险能力低。鉴于香格里拉具有优质的铜、金、银、钼等矿藏资源，阳光资产因地制宜，发行"阳光—中国铝业债权投资计划"，募集资金20亿元投向"云南迪庆普朗铜矿"项目建设，普朗铜矿的建成和运营，加大了对当地困难人口的教育和技能培训，为当地提供了大量就业机会，帮助香格里拉市进一步完善了产业结构，切实增加了当地人民收入，为打赢脱贫攻坚战、接续推进乡村振兴奠定了基础。生命资产发起设立"生命资产—兖矿集团新疆煤化基础设施债权投资计划"，利用当地资源优势，就地加工转化，是新疆首个多品种、多联产、循环式煤化工项目，发展技术先进的大型煤化产业对新疆来说具有重大的经济与战略意义，为今后新疆煤化工发展起到了很好的带动、示范作用。

六、坚持不懈履行保险资金助力实现共同富裕的责任与担当

保险资产管理业始终坚持责任发展、绿色发展、创新发展、规范发展和科技发展，在实现行业稳健高质量运行的同时，努力走出一条市场化、专业化、规范化、集约化的创新路径。在新发展阶段、新发展理念和新发展格局的指引和要求下，保险资管行业将继续主动融入、主动服务、主动作为，准确把握"共同富裕"大背景下的新目标、新机遇与新路径，推动行业实现兼顾经济效益和社会效益的高质量、高水平、可持

续发展。

一是坚持初心与本位的责任发展道路。从行业趋势来看，我国保险资产管理行业市场主体不断丰富，市场规模显著扩大，发展水平持续提升，其社会属性和潜在功能被进一步激发。长期以来，保险资金始终是金融市场重要的机构投资者、价值投资者、长期投资者。与其他资金不同，保险资金来源于保险消费者，是整个社会风险管理与社会保障体系建设的重要组成部分。因此，发挥保险资金期限长、来源稳定的优势，坚持稳中育新，将保险资金的"势能"转化为支持国家战略、服务社会民生的"动能"，是保险资金在服务实现共同富裕道路上永恒不变的本源与初心。

二是坚持高质量、集约化的绿色发展道路。过去单纯依靠规模的粗放发展模式已经不能适应新环境、新趋势的要求。在以国内大循环为主体、国内国际双循环相互促进的新发展格局下，只有建立科学、稳健、高效的资金运用体系，坚定不移地推进保险资产管理高质量创新，即通过保险资产管理组织、机制、产品等创新，进而推进保险资金运用的理念、工具、渠道等创新，提升广大行业机构高质量发展的能力，才能进一步提高保险资金的配置效率、提高保险业的风险保障能力，更好地服务"双碳目标"、服务实体经济、服务共同富裕。

三是坚持市场化、专业化的创新发展道路。随着资管市场竞合趋势的深化，部分资管产品特性的硬边界已逐步弱化，基于宏观审慎下金融创新的深度广度稳步拓展。同时，保险资管行业伴随自身发展，更加深入地参与到国民经济和实体产业的"细枝末节"，在国家战略、基础设施建设、医疗养老、绿色低碳、信息科技等领域发挥着愈加重要的作用。在新的产业背景及市场格局之下，保险资产管理业必须发挥好自身的比较优势，积极培育新的业务增长点，走专业化、集约化的发展道路，不断强化行业核心竞争力，在高质量发展中促进共同富裕。

四是坚持审慎与稳健的规范发展道路。随着保险资产管理与实体经济、与其他金融业的接触面和渗透度大幅提高，风险传递可能通过多种形式和渠道对保险资管业造成影响。保险资管行业整体面临的风险规模、诱发因素、传导途径等大大增加，这对风险跟踪、化解处置都提出了更高的要求。保险资产管理行业要全面提升风险管理意识，创新风险管理手段和方法，根据不同业务的属性及特征实行资产负债管理和全面风险管理，以新的科学技术手段为辅助提升风险管理的质效，着力提升风险管理与创新发展的平衡性、协调性与包容性，切实打牢自身服务实现共同富裕战略目标的长期基础。

五是坚持走"强基固本"的科技发展道路。加强行业基础设施建设，围绕资产管理全生命周期多元化特性，强化对市场和行业需求的理解能力与服务能力，依靠高效的基础设施平台、专业的针对性服务、高效的支持力度，通过科技赋能、平台化建设精准地为市场主体提供更优质的服务。组建全行业的保险资产管理登记平台、信息统计平台、资产交易平台，建立覆盖资产管理的准入、投资、管理、运营、交易、监测、投后管理等各环节、全流程、整周期的业务链条，提高业务运行的透明度和效率，盘活存量资产、做大增量资产，提升行业的核心竞争力，以科技点燃行业高质量发展促进共同富裕的澎湃引擎。

充分发挥信托制度优势　在高质量发展中促进共同富裕

姚江涛

信托业作为金融行业的重要组成部分，始终将服务实体经济、服务人民美好生活、不断推进改革创新作为促进行业健康成长、实现可持续发展的关键因素。信托制度的显著特点是专注财产及财产权管理，受托人以自己的名义，按照委托人的意愿，为了受益人的最佳利益管理信托财产。信托制度安排可以将信托财产的使用、管理、处分等权能分别赋予不同的信托当事人，为信托财产的独立性提供了充分的制度保障。自2001年我国《信托法》颁布实施以来，经过20余年的可持续发展，信托行业已经成长为管理资产规模近20万亿元的金融行业，并正沿着切实服务实体经济和有效服务人民美好生活的信托本源业务不断深化转型，为

作者系中国信托业协会会长；中航产融、中航信托董事长。

实现共同富裕的国家战略贡献行业力量。

"治国之道，富民为始。" 习近平总书记在中央财经委员会第十次会议上强调，共同富裕是社会主义的本质要求，是中国式现代化的重要特征，要坚持以人民为中心的发展思想，在高质量发展中促进共同富裕。"共同富裕"目标为信托业服务经济社会高质量发展指明了出发点和着力点，信托公司应充分发挥以受托服务为本源的制度优势，深化推进行业转型，在高质量发展中形成行业合力，服务现代经济和社会民生，兼顾效率与公平，扎实稳步促进"共同富裕"。

一、可持续发展是底色

可持续发展是底色。信托公司应当大力发展绿色信托，践行ESG发展理念，有效实现人与自然命运共同体的均衡发展。在当前背景下，促进全球经济可持续复苏，构建人类命运共同体已经成为普遍共识，**负责任、可持续的影响力投资正成为财富管理的新命题**。服务实体经济和社会民生是金融机构的使命担当，践行可持续发展理念，大力发展绿色金融和碳金融，建立商业可持续的产融合作机制，是金融机构保障产业与金融共享绿色发展成果，人民群众共享工业文明与生态文明和谐共生的创新发展第二曲线。

一方面，在"双碳"目标指导下，信托公司通过积极发展绿色信托，综合运用金融工具为绿色项目及企业提供受托服务，既能降低自身在投融资活动中的碳足迹，也可推动实体行业向绿色低碳发展。其一，信托公司落实双碳目标的努力方向不仅包括机构落实自身的碳减排任务，还包括通过开发设计绿色信托金融产品及受托服务积极影响交易对手和信托投资人，有机融入绿色低碳的生产和生活中，共同建构绿色信托生态圈。例如，对投融资项目开展相关碳核算，对高碳排放的项目适当提高融资利率或其他门槛，倒逼企业或项目朝向绿色低碳发展。其二，信托公司应不断创新探索绿色金融产品，加大对绿色低碳项目和降碳项目的投融资支持。作为机构投资者，信托公司可以引导家族信托等长期资金入市，设计专项配置ESG投资组合产品的标品信托，也可以发挥在另类投资领域的专业化能力，形成具有市场竞争力的ESG投资组合策略，发行ESG主题投资的信托资管产品，覆盖固收、权益、定增、可转债等多种金融产品，从资金和资产两端发力，丰富绿色信托产品的供给，引导和带动投资者参与绿色低碳经济建设，兼顾经济利益与环境利益的双重考量，深化受托职责的内涵，践行受益人最佳利益标准。其三，ESG发展指标的重要方向之一是对企业社会责任履行的持续评价，企业通过积极参与慈善公益活动，为社会民生创造福祉，履行社会公民的应尽责任。信托公司可以灵活运用信托制度优势，将绿色信托与慈善信托有机结合，整合引导社会资金用于乡村振兴战略等关乎社会民生的重要领域，助力美丽中国建设，实现环保价值、社会价值和商业价值的多重目的有机统一。

另一方面，通过改善公司治理能力和治理水平，落实环境友好型运营管理，切实履行社会责任，实现自身可持续发展，这本身就是责任投资和责任金融的体现。为此，信托公司需要建立ESG发展理念，形成落实碳中和目标的可操作、可量化、可评价指标体系，自上而下地融入公司发展战略和公司治理结构，指引绿色信托业务，落实信托投资者教育，贯彻责任投资的理念，履行企业社会责任，并向监管机构和社会公众主动、定期进行规范的ESG信息披露，向发展成为环境友好型的绿色信托公司深化转型，助力生态文明建设。在《金融机构环境信息披露指南》

《环境权益融资工具》等绿色金融统一标准指导和规范下，信托公司能够切实做到可量化、可评价、可持续地提供绿色信托的受托服务，实现经济价值、社会价值和环境价值的统一，助力推进新发展理念下的"共同富裕"可持续发展底色。

在实践中，信托公司在治理框架、战略目标、实施路径、环境信息披露和产品创新能力等方面都做出新的布局与调整，进一步助力了绿色信托的蓬勃发展。多数信托公司已开始规划自身运营和投融资碳中和目标，设计分步骤、清晰可执行的碳中和路线图，建立与碳中和目标相适应的治理架构，将绿色与可持续纳入公司治理，构建绿色与可持续组织架构和工作机制。信托公司也开始探索创新适合于《绿色产业指导目录》的产品和服务，推动开展绿色建筑信托标准建设，围绕绿色建筑、可再生能源规模化应用、绿色建材等领域开展业务。积极发挥绿色信托制度优势，探索信托公司参与设计发行绿色债券、绿色资产证券化及绿色股权投资产品；探索服务小微企业、消费者和农业绿色化的产品和模式；探索支持生物多样化所需的金融产品和服务。

例如，中航信托坚持贯彻落实国家绿色发展理念，积极助力我国碳达峰与碳中和目标，以ESG为抓手深化公司治理；以研促思，创新碳信托研究；以思促行，持续拓展绿色信托产品与服务范围；在公司治理层面，中航信托在制定公司"十四五"规划过程中，以实现可持续增长和高质量发展为目标，将ESG评价体系纳入战略制定与管理全流程，树立责任投资理念，保持战略定力，秉持长期主义价值观提升战略韧性，实现可持续发展，彰显战略价值；在专题研究层面，中航信托持续深耕绿色信托研究，在行业内首次系统性提出绿色信托理念，连续5年发布绿色信托专题研究报告；在经营发展层面，中航信托专门设立绿色信托事业部,持续深化"绿色产业+金融生态圈"发展路径,与绿色产业领域的优秀民营企业紧密合作。发挥信托工具优势,通过"债权+股权"等组合拳,管理的信托资产投向绿色产业的领域涉及天然气、光伏等新能源、垃圾固废处理等污染防治以及锂电池、煤改电等能效提升的众多细分类别。同时,中航信托牵头制定了《绿色信托指引》,参与了中国人民银行《金融机构环境信息披露指南》编制工作,促进信托行业达成绿色共识,为信托公司开展绿色信托研究与实践提供有效助力。

二、产权保护是基础

产权保护是基础。信托公司应当大力发展知识产权等财产权信托,提供以人为本的柔性服务,有效保护知识资本与人力资本驱动的充分发展权和平等发展机会。2019年6月,国务院发布《深入实施国家知识产权战略 加快建设知识产权强国推进计划》,对各项工作(包括知识产权信托服务)做出了具体部署。2021年10月,国务院发布《"十四五"国家知识产权保护和运用规划》(下称《规划》),《规划》推动构建新发展格局,全面加强知识产权保护,高效促进知识产权运用,激发全社会创新活力。2022年3月,李克强总理在政府工作报告中也强调"今年深入实施创新驱动发展战略,巩固壮大实体经济根基",其中特别提到"加强知识产权保护和运用"。

保护产权和知识产权的逻辑起点是以发展人、成就人为本,鼓励勤劳致富,鼓励创新致富,对资本服务对象和服务内容的应有范式做出了明确导向。我国从知识产权大国向知识产权强国的跃迁过程离不开金融和资本的服务和助力,尤其是科技和知识资本密集型的"专精特新"的

"小巨人"企业。

信托制度的本质特征就是可以管理灵活多样的财产权和财产性权益,知识产权信托可以充分利用信托财产管理独立性、灵活性、持续性的制度优势,服务知识产权从形成到传承的全生命周期,综合运用债权、股权、证券化等多种方式,为知识产权的权利人提供符合其意愿的、定制化的柔性服务,助力"隐形冠军"获得更加充分的成长空间,获得更加普惠的陪伴式金融服务,助力国家解决制造业细分领域内的"卡脖子"难题,完善制造业产业链供应链,为助力推进"共同富裕"提供创新动力源泉。

在实践中,中航信托与航空工业集团下属成员单位就其部分科研技术成果转化工作进行联合研究,系统梳理航空领域知识产权应用的需求与痛点,解决科研院所面临的知识产权再开发程度低、利用及转化率低,专利权利人缺乏有效的激励机制,不能得到科研成果转化带来的收益等关于知识产权运用、管理的难点及痛点。在版权领域,结合文化金融应用场景中数字版权资产价值评估和资产处置的难点及痛点,以研究促实践,中航信托联合北京版权局、版权技术运营平台等资源,统筹开展《可信数字版权信托》理论研究及实践探索工作,充分发挥了信托制度优势,并依托信托结构灵活性、信托财产独立性、金融工具多样性及受托服务专业性等特色,创新版权金融模式。通过资产证券化、服务信托化、信托数字化的方式助力数字版权资产价值实现。

三、数字化赋能是关键

数字化赋能是关键,信托公司应大力发展数据信托业务,为赋能数据要素市场高效运行贡献力量。2020年《中共中央国务院关于构建更加完善的要素市场化配置体制机制的意见》指出,"加快培育数据要素市场",并首次将数据确定为生产要素。以数据为关键要素的数字经济是高质量发展的重要推动力,通过数字化技术驱动经济社会各方面的创新与增长,为解决我国经济发展中的不平衡不充分问题提供了新思路,是实现"共同富裕"的关键。为此,国务院办公厅近日印发《要素市场化配置综合改革试点总体方案》(国办发〔2021〕51号),进一步要求在数据要素方面,探索建立流通技术规则。聚焦数据采集、开放、流通、使用、开发、保护等全生命周期的制度建设。**这标志着作为数字经济核心驱动资源的数据要素,已经从国家战略规划,迅速进入到市场化配置、价值化开发、体系化治理关键时期,并在试点方案层面上进入全面落地实施阶段。**

在此背景下,亟须信托公司大力发展数据信托业务,充分利用信托制度的支持,通过服务模式的创新、运行机制的完善、金融科技的应用,赋能数据要素市场高效运行。基于我国相关法制建设及研究实践,从制度内涵角度,可以将数据信托理解为符合信托法理的制度安排,将数据全部或部分权利与权益作为信托财产,以信托法律关系约束当事人之间的权利义务。从机构功能角度,可以将数据信托理解为信托公司以数据及相关产业为服务对象,运用综合金融工具提供投融资活动或受托服务,旨在服务数字经济发展和数字化社会生活需求。其作为通过信托制度对数据进行管理和决策的一种新机制,相较于契约制、公司制、代理制等制度安排而言更加具有差异化优势,结构化特制的制度安排及权益分配机制被认为有助于建立更公平的数据要素管理模式,在数据流通和交易中兼顾数据隐私和安全保护,并且能解决数据资产的所有、使用、收益等权能的分离问题。

在实践中，信托公司聚焦高端制造、绿色低碳等垂直领域数据，以行业细分数据作为信托服务场景，以信托账户作为数据流通、交易的载体，信托公司作为受托人对数据权益进行托管，联合数据交易所、数据运营服务机构等合作伙伴对行业数据进行管理及促成交易，实现数据共享价值。数据资产本身也可以作为参与机构投融资活动的增信依据，以数据运营分析良好结果为基础，为参与机构及其上下游提供投融资服务。中航信托在2016年就推出了行业首单数据信托业务，将企业数据库资产价值纳入增信的重要因素进行考量。在垂直领域深耕过程中，中航信托积极服务航空主业，联合数源企业（航空工业集团旗下成员单位）、用数企业（航空工业集团旗下成员单位、上下游供应商、金融机构）、数据治理企业、数据交易商、科研院所等各方代表，聚焦航空领域关键应用场景建设与实施，借助数据信托制度优势，围绕航空数据安全、数据治理、数据共享、数据资产、数据产业建设完善航空工业数据要素市场的基础设施，加强数据要素应用场景的技术与制度建设，建立覆盖服务航空工业内部、航空产业链供应链上下游企业，以及产融结合及利益相关主体的数据要素流通三级市场，为军工产业和军民融合领域的数据要素市场建设探索经验、打造制度基础。

四、分配问题是核心

分配问题是核心，信托公司应当大力发展财富信托，提升财富管理的普惠性和可得性，有效促进形成中等收入群体占主体的橄榄型分配结构。根据社会经济学理论，橄榄型的分配结构能够舒缓贫富两极分化现

充分发挥信托制度优势　在高质量发展中促进共同富裕

象，有利于社会稳定和经济持续增长。随着我国中等收入群体规模快速增长，财富管理的需求将大量释放，只有提供丰富的财富管理和资产配置工具，才能巩固并扩大中等收入群体占比，改变目前该类群体主要资产配置单一、多集中于地产、缺少多元资产配置和财富管理服务的状况。大力发展家庭信托和财富信托，发挥信托制度财富管理的本源功能，在坚守受托人职责前提下，适当降低理财信托的投资者门槛，可以为我国更广大的中等收入群体提供规范稳定、专业可触及的财富管理服务，正确引导和保障更多的私人财富在国内保值、增值和传承，并将这些财富通过多层次的分配方式用于公共服务和慈善事业，形成支撑"共同富裕"均衡增长的财富之基。

在实践中，信托公司已经推出以300万元作为设立门槛的财富信托及家庭信托，更好地满足中产家庭的差异化财富管理需求。也有部分信托公司积极实践，注重产品服务创新，除了为客户提供定制化资产配置服务外，还进一步发展财富管理信托业务。

例如，中航信托和工商银行私人银行部成功落地永续型开放式慈善信托产品"君子伙伴慈善信托"，该信托项目由中航信托作为受托人、工行私人银行部担任综合顾问、工银瑞信担任投资顾问。该信托的最大特色在于将慈善信托和家族信托相衔接，客户设立的家族信托作为慈善信托共同委托人，按客户本人意愿确定的方式向"君子伙伴慈善信托"提供捐赠资金。一方面，在客户端实现家族物质财富与精神财富的双传承；另一方面，推动慈善模式从点到面、从个人到平台的升级，让爱心在社会广泛传递。

五、帮扶助困是难点

帮扶助困是难点，信托公司应当大力发展慈善、养老、特殊需要救助等普惠型服务信托，提供受托人基于主动管理创造服务价值的受托服务，有效发挥信托整合社会资源助力民生保障的差异性机制优势。区别于资产管理信托，资产服务信托的核心价值并不止于财富保值增值的单一目的，而是基于多样化的信托目的对财产进行规划、分配和使用，由此产生出养老信托、特殊需要信托、涉众型资金管理信托、公益慈善信托等多种类型，这本身就说明服务信托是对社会民生需求的切实回应，也是信托制度独特魅力之所在。受托人通过与多元需求场景的专业服务机构开展合作，例如，慈善基金会、养老护理机构、物业管理机构等跨界协作，整合各自优势资源，发挥各自专业优势，实现服务信托的差异化赋能价值，调动和借助市场和社会力量，为政府主导的公共服务与兜底救助体系补充服务供给，助力推进"共同富裕"提供信托特色赋能。

在实践中，中航信托发行行业内首单鲲瓴养老信托，依托信托制度的优势，将养老服务、受托传承、投资保值三位一体有机结合，通过信托架构的设计，将受托资产链接资本市场中安全有保障的产品，实现资产的保值增值，为有独立养老意愿、高品质养老需求、养老传承兼得诉求的客户提供整合型金融解决方案，实现"我的养老我做主，父母的养老我做主"。在鲲瓴养老信托的基础上，不断拓展生态圈，2021年发布了特殊需要服务信托产品——"航殊恒爱·特殊需要信托"，聚焦特殊需要群体的痛点需求，旨在发挥信托制度优势和跨界资源整合功能，通过受托服务模式创新为失能失智、心智障碍等特殊需要人群家庭提供综合解决方案。首推社区发展治理服务信托，依托信托财产独立、破产隔离的制度优势以及专业的资产管理能力，为社区发展基金会提供独立建账、流动性管理以及慈善相关服务，助力社区和谐发展。

在公益慈善领域，截至2022年7月，我国共备案慈善信托906单，总规模约42亿元，信托公司参与慈善事业的积极性正在不断增强，在支持国家战略发展、助力人民美好生活、服务共同富裕等方面持续贡献力量。在实践中，中航信托立足受托人定位，以平台化、专业化、生态化方式创新发展慈善信托，与中国慈善联合会、中华环境保护基金会、中国乡村发展基金会、中国青年创业就业基金会等公益组织建立良好的合作关系，先后在脱贫攻坚与乡村振兴、航空文化、助困养老、绿色生态等领域成功设立了20余单慈善信托。有效实现了商业与公益的有机结合，有力彰显了信托服务社会民生的价值创造与责任担当。

认真学习贯彻习近平新时代中国特色社会主义思想和党中央系列会议精神，扎实研究"共同富裕"的目标要求，在监管机构的规范指导下，信托行业深化转型有了更加坚定和明确的方向。信托公司应当以有效防控金融风险为前提稳中求进，汇聚行业智慧和行动合力，开展负责任、勇担当、有价值的受托服务创新，为有效促进"共同富裕"努力贡献。

数字普惠金融与共同富裕

郭　为

一、普惠金融是世界性的难题

（一）"穷人银行家"尤努斯的故事

"诺贝尔和平奖"获得者，孟加拉国经济学教授尤努斯通过开办世界上第一家主要为"穷人"提供金融服务的银行，让世界认识到普惠金融对解决贫困所起到的决定性作用。1976年，尤努斯教授在进行社会考察时，发现孟加拉国国内很多穷人深受高利贷的盘剥。一名叫作苏菲亚的妇女以编织竹凳为生，但她购买编织原料的资金主要源自高利贷，并且每日的收入不到贷款金额的10%，如此往复让她和她的家庭陷入了难以摆脱的贫困循环。经过深入调查，尤努斯教授发现苏菲亚深陷困境的

作者系神州信息董事长。

深层原因是没有银行或是贷款机构愿意为其提供低成本的小额启动资金贷款。原因很简单，对银行来说，贷款金额小，收益低，同时还要担负极高的风险。尤努斯教授深刻地体会到在银行"越有钱越能贷到更多款"的背景下，贫困人群很难获取"种子式"的启动资金，从而实现自我雇佣，创造就业，进而摆脱贫困。因此，他建立了世界上第一家专门为穷人服务的银行——孟加拉乡村银行（格莱珉银行）。

随后30多年中，尤努斯教授的孟加拉乡村银行为将近700万孟加拉国低收入及贫困人口提供持续的小额贷款服务，从而使58%的借款人及其家庭成功脱离贫困，证明了银行和其提供的普惠金融服务对低收入人群摆脱贫穷的重要性，成功验证了面向低收入人群的金融服务是具有可持续性的。**尤努斯的故事打破了银行业的固有思维，印证了普惠金融对解决世界性难题，即解决贫困问题的重要性。**

（二）普惠金融的目的是实现共同富裕

普惠金融一方面关系普通百姓对金融服务的可获得性，是基础性民生问题；另一方面，关系金融促进实体经济发展，起到促进产业高质量发展的关键作用。如果说尤努斯教授通过普惠金融的举措，为孟加拉国人民解决贫困做出了有益的尝试，那么在中国，从2013年党的十八届三中全会首次将"发展普惠金融"确立为国家战略，到2015年国务院出台《推进普惠金融发展规划（2016-2020年）》，再到党的十九大将精准脱贫列为"三大攻坚战"之一。普惠金融不仅在中国人民打赢脱贫攻坚战的过程中发挥了关键性的作用，还将在迈向共同富裕的新百年目标中，进一步发挥金融的普惠性，解决金融弱势群体的客观金融需求，成为扎实推动共同富裕的关键。

中国作为世界上首个将普惠金融上升为国家战略的国家,在国务院出台的《推进普惠金融发展规划(2016—2020年)》中,首次对普惠金融进行了定义:普惠金融是立足机会平等要求和商业可持续原则,以可负担的成本为有金融服务需求的社会各阶层和群体提供适当、有效的金融服务。小微企业、农民、城镇低收入人群、贫困人群和残疾人、老年人等特殊群体是当前我国普惠金融的重点服务对象。2021年8月17日,习近平总书记在中央财经委员会第十次会议上再次强调:"发展普惠金融,将更多金融资源配置到重点领域和薄弱环节,夯实共同富裕的物质基础;同时,通过金融的普惠性缓解发展的不平衡、不充分问题,是促进共同富裕的重要手段。"因此,**普惠金融内在本质可视为促进资本流向金融弱势群体,让工商资本更好地服务实体经济,服务于人民共同富裕的目标。**

1. 共同富裕,是社会主义大国到强国的必由之路

中华文明是人类历史上最为璀璨的文明,中华民族是世界上最勤劳的民族,即使在近代经历了前所未有的挫折与劫难,中国人民也从未停止对幸福美好生活的奋斗。《诗经·大雅·民劳》曾描述"民亦劳止,汔可小康。惠此中国,以绥四方",反映了中国人民对美好生活的不断追求。在中国共产党的带领下,经过百年艰苦奋斗,2021年7月1日,习近平总书记在建党100周年大会上,庄严向世界宣告:"经过全党全国各族人民持续奋斗,我们实现了第一个百年奋斗目标,在中华大地上全面建成了小康社会,历史性地解决了绝对贫困问题,正在意气风发向着全面建成社会主义现代化强国的第二个百年奋斗目标迈进。"

在由小到大,由弱到强的发展过程中,从消灭贫困到推动共同富裕,普惠金融的持续推进和深入,为国民经济增长和满足人民生产生活需求提供了不可忽视的关键助力。但必须意识到,在迈向共同富裕的征途中,

普惠金融还存在很多悬而未决的问题和困难，尤其是在某些关键领域，存在资本流动不畅通，金融末端服务堵塞。中小企业融资难、融资贵的矛盾凸显，金融服务的广度和深度存在短板，尤其在城乡区域和农村地区，金融服务触达最末端的能力明显不足。这些亟待解决的问题，也是下一步推动普惠金融发展的关键方向。

现阶段，数字技术的蓬勃发展，数据要素的潜在价值，如何充分利用"数字"蕴含的潜能，运用数字思维、数字技术和数据要素，通过"数字+普惠"，破解难题，成为下一阶段的重点工作。 以银行为代表的金融机构，金融一线的金融科技企业，更应该着眼于数字经济的时代大背景，立足于"数字"所蕴藏的驱动性、创新性和颠覆性，为普惠金融插上数字引擎，解决其遇到的现实问题，才能真正做到扎实推动共同富裕。

2. 国家战略，中国瞄准普惠金融这一世界难题

深入推进普惠金融是中国走向共同富裕必须解决的问题。 党的十九大报告提出的"防范化解重大风险、精准脱贫、污染防治"的三大攻坚战，都是为了解决发展中面临的关键核心问题。金融领域开展的去杠杆、挤泡沫、精准拆弹等工作，都是为了引导金融回归本质，脱虚向实，更好地服务实体经济，通过金融供给侧的改革，发挥金融的普惠性，真正服务于广大的人民群众和弱势群体，夯实共同富裕的普惠金融基石。

中国是人口大国、农业大国和制造业大国。中国人民银行发布的《中国普惠金融指标分析报告2020》统计数据显示，截至2020年末，农村地区累计开立个人银行结算账户47.41亿户，占全国累计开立个人银行结算账户总量的38.05%；全国共开立单位银行账户7481.30万户，其中注册资金在100万元以下的企业法人、非法人企业和个体工商户开立单位银行结算账户4108万户，占总开户数量的54.9%。由此不难看出，农村地区的金融获得性远低于城镇地区，而小微企业则占据我国社会经济的半壁江山。

尤其在疫情反复的当下，解决"三农"和小微群体的普惠金融需求，促进金融服务实体经济必须解决的问题，一方面是防范规模性返贫，稳就业、保增长；另一方面是针对农村地区和小微企业的普惠金融还有很大的提升空间。因此，普惠金融的两个关键群体，一是农村；二是中小微企业。这两类群体长期以来信用体系缺失，导致银行等金融机构在现有风控体系下，无法提供有效的金融贷款，这也是普惠金融现阶段的主要症结所在。而解决问题，不仅涉及金融机构的服务模式创新，更涉及农业农村地区和小微企业资产数据化和数据资产化的转换。近年来，国家不断加大在这方面的工作投入，一方面通过土地确权、两区划定，厘清农民所属承包土地、宅基地等资产归属，更重要的是完成了资产的数据化统计。另一方面，加大在税务、海关等关键领域的政务数据的开放。这些都为银行构建和完善农民和中小微的信用体系，提供了基础的关键数据，让创新的金融服务成为可能，加速了"三农"和中小微数据资产化的步伐。而这一过程中，实现"科技+行业+数据"的融通创新，构建新模式、新产品和新服务，正是国内金融科技企业发力的关键，也是国家所希望看到的，让科技促进产业融合，推动普惠金融，服务实体经济。

二、数字技术的演变推动金融更好服务实体经济

（一）金融的本质

金融的本质就像习近平总书记多次强调的"要服务于实体经济，满

足经济社会发展和人民群众需要"。从早期以物易物的交换行为，到后来衍生出以信用为中心的金融中介机构，如我国的山西票号，可称为现代银行雏形，起源便来自实体经济场景：山西商人因采购铜绿颜料需携带大量现银，路途中费时费力，且安全难以保障，便借鉴唐代"飞钱"的形式加以改进，用汇票进行支付清算，形成了我国早期较为成熟与完善的汇兑制度。再到如今的现代银行，伴随人类生产力的跃升和生产经营活动的变迁，金融服务的形式虽然不断发生变化，从支票到移动支付，从网点到APP，从手工记账到电子账户，但金融的本质始终不曾改变，诞生于实体经济，服务于实体经济。

近年来，"数字鸿沟"在实体经济、金融经济和互联网经济领域更为凸显。依托于技术的先天优势，金融经济、互联网经济如野马般飞速发展，吸引大量资金资本涌入，无序的发展一定程度造成底层实体经济的支撑塌陷。大数据杀熟、平台垄断等行为频发，不仅对中小微实体经营主体的生存空间造成挤压，更对实体经济的发展造成阻碍。这两年，国家不断重拳出击，一方面打击垄断行为，另一方面加强数据隐私保护、反垄断等顶层法律法规的制定，引导互联网经济的转型。与此同时，国家出台多项促进数字经济发展的政策法规，鼓励虚实融合，引导工商资本回归实体，支撑制造业等实体产业由大向强，由产业链中下游向上游发展，由底层基础向上层关键核心领域探索。

（二）技术与金融融合，科技改变金融服务

银行作为现代金融的核心，其本质是信用中介，目的是推动金融信息的跨时间、跨地域流转。作为信息技术应用最早、最广泛和最深入的行业，技术可以视为金融业务、金融服务创新的核心关键支撑，两者间

可以实现高度无缝的衔接融合，每一次技术的跃迁都将会带来金融服务模式的创新和颠覆。但必须意识到，技术始终只能是驱动力，不能越俎代庖地改变金融的本质，否则会衍生不可预估的后果，这也是国家出台金融沙盒的目的。科技改变金融服务模式，目的在于更便捷、更普惠、更好地服务金融本质。

从第一台计算机的诞生，到如今大数据、人工智能、区块链等数字技术的发展，以银行为代表的金融机构的信息科技升级大体可分为三个阶段。第一阶段，金融电算化。用计算机改变手工记账的模式，实现效率提升，现在很多银行科技部的前身就是当初的电脑部。**第二阶段，网络化阶段**。通过网络实现了网点间的数据交互，随后的互联网更实现了实体业务的线上化发展。**第三阶段，数字化阶段**。银行正在通过数字技术，重塑业务流程、经营理念和服务模式，例如，通过场景金融服务于农业、产业链、中小微企业等。

金融或者说银行作为数字化技术应用最早、结合最深的行业，伴随数字技术的应用，逐步从手工走向电算化、自动化、数字化和智能化，从支付工具发展到信用体系建立。尤其是人民银行发布的数字人民币，更是技术颠覆的典型代表，通过分布式账户技术和区块链加密手段，不仅实现了纸质货币的电子化，更为新支付消费体系的建立创造了可能。

（三）普惠金融的实现离不开数字技术

随着互联网、大数据、云计算、人工智能、区块链等技术加速创新，数字经济不断覆盖经济社会发展的各个领域。其发展速度之快、辐射范围之广、影响程度之深前所未有，正在成为重组全球要素资源、重塑全球经济结构、改变全球竞争格局的关键力量；党的十八大以来，党中央高度重视发展数字经济，已经将其上升为国家战略。

从人类社会的发展历史来看，任何一次经济形态上的重大变革，都催生并依赖于全新的生产要素。 在数字经济时代，数据正逐渐成为驱动经济社会发展的新的生产要素。信息技术经历了20世纪80年代和90年代中期的两次高速发展浪潮后，在当下的第三次浪潮，催生了数字经济这一新的经济范式，数据作为信息技术变革发展的必然产物，是发展的核心引擎。国务院印发的《"十四五"数字经济发展规划》明确指出，以数据为关键要素，以数字技术与实体经济深度融合为主线，加强数字基础设施建设，完善数字经济治理体系，协同推进数字产业化和产业数字化，赋能传统产业转型升级，培育新产业新业态新模式，不断做强做优做大我国数字经济，为构建数字中国提供有力支撑。

在数字经济的大背景下，金融面对着新的要求和挑战。 如何更好地服务数字经济发展，为做强、做优、做大数字经济提供更好的支持，是需要重点关注的问题。**数字经济的特征一方面是泛在普惠**，无处不在的信息基础设施、按需服务的云模式、各种商贸金融等服务平台使数字经济呈现"人人参与、共建共享"的格局；**另一方面是开放融合**，通过数据的开放、共享、流通，促进同行业内不同价值链条、跨行业的不同组织间开展大规模协作和跨界融合，实现资源的优化与重组。因此，金融行业需要加快自身的数字化转型速度，深化人工智能、大数据、区块链等前沿技术在行业内的应用，实现数字技术与业务的深度融合；充分重视数据要素的价值，打破传统的服务与信贷模式，优化与工商、税务等政府部门的信息传递交流，构建专属的评价与风控体系，更好地服务"三农"和中小微企业这两大特定群体，实现普惠金融的精准滴灌，真正实现金融与实体经济的共荣共生。

三、场景金融是推动普惠金融的必然路径

（一）什么是场景金融

数字化时代，"场景"逐渐成为重构人与商业连接的重要因素。 同样的产品在不同场景里代表着不同意义，通过与场景的融合，产品的商业价值得到提升，甚至促成跨界、构造紧密的品牌链。在金融行业数字化转型的过程中，金融服务也逐渐向嵌入式的"场景化"方向发展，继而衍生出场景金融的新营销模式。

场景金融的本质是基于数据，把商业、制造业、生活等场景中的资产数字化，数据资产化的过程——这是场景金融的核心和实践前提，以支撑金融服务，是数字技术融合场景带来的对金融服务模式的颠覆式创新。 通过产融一体化，更好地服务实体经济，推动普惠金融。以乡村振兴为例，农业场景高度分散的特性导致了工商资本难以介入其中，而场景金融的出现，则在形成数据资产的前提之下，促进普惠金融服务与农业农村场景的深度融合，是实现普惠金融的重要力量。

场景金融与普惠金融的结合，为银行业的数字化转型提供了一个千载难逢的历史机遇。 银行可以借助数字技术手段深入场景，更好地"读懂"农村、"读懂"小微企业，并通过因地制宜构造业务和风控模式，为其提供有针对性的、有特色的、符合实际需求的金融服务。而这也可以进一步扩大金融服务的覆盖率，为银行业挖掘出巨大的市场空间，提供数字化转型的内在动力。

(二)场景金融实践,用数字技术推动普惠金融

数字技术助力普惠金融是大势所趋,构建场景金融是必然道路。神州信息认为,场景金融的实践必须具备"懂行业、懂金融、懂数据"这三个关键要素,如何把分散的场景与银行业核心系统整合在一起,是新的技术挑战。云原生、数据原生提供了很好的技术可能性。

这个方面,神州信息作为一家国内领先的金融科技企业,通过在场景金融领域的不断探索实践,服务于"三农"和小微企业这两大惠普金融的重点弱势群体,结合在金融、农业、税务领域20余年的数字化经验,基于自身金融科技的优势能力,通过"科技+数据+场景"的模式融合创新,在场景金融探索方面取得了显著的成绩。

1. 农业农村场景金融实践

金融如何推动农村一二三产业的融合发展是实现农业农村普惠金融,托举乡村振兴战略的关键举措。一方面,要以农业数字化为基础,加快高新技术对第一农业农村产业和农民相关生产经营的支撑,为"三农"资产的数据转化打好基础。**另一方面**,要加快农业农村场景金融的建设,激发丰富涉农数据要素的价值释放,加速涉农数据转化为可被认可的金融资产,吸引资金、人才流向"三农"领域,激发农业生产和农村发展的新动力。

在过去20年,神州信息参与了大量的国家农业农村信息化工作。累计打造16个国家级平台、55个省级平台、5000+农业信息化项目,其中承建了全国1/3的省级农村土地承包经营权电子政务平台,承担了1/3的省级两区划定平台、1/3的省级村集体三资管理平台和1/4的省级农村产权(含林权)交易管理平台建设,覆盖全国31省市、2000多个区县、46万+村组、80万+用户群体。这些基础性的数字化工作为"三农"领域

的普惠金融夯实了基础。与此同时，在政府的支持与指导下，通过与银行、保险机构联合打造"科技+数据+场景"的新模式，以"三农"数据要素为核心，不断建立健全"三农"信用体系，解决以往涉农信贷面临的风控难题，精准滴灌，打通涉农信贷的"最后一公里"。

例如，在陕西省，通过协助陕西农村信用合作社建设"三资三化及银农直连管理平台"，为省内各区县政府、农业农村部门以及各级农村集体经济组织提供服务，加速陕西农村集体经济组织财务规范化管理进程，实现对100余个区县和1.9万多个行政村集体组织的覆盖。通过农村三资管理监控网络系统、农村综合产权交易平台、银农直连管理系统和数据服务系统的建设，以阳光村务为窗口，不仅有效解决了农村三资管理存在的资金管理不到位、不规范、不健全等问题，而且将银行引入到政府农业农村工作中，发挥资本优势，推动农业农村数字化，进一步强化了金融服务"三农"能力。

在辽宁省，与当地产权交易中心合作，推出的"农保直连"金融服务模式，直接打通了农村产权交易链中各环节的数据，围绕交易、种植、养殖等涉农场景，实现保险服务理赔、保险保证金保单签发等服务，极大地支撑了当地农民的涉农生产经营。例如，帮助沈阳市苏家屯区的种粮大户，采用保险保证金模式，以100万元拍得原本需要560万元才能拍得的6000多亩两宗耕地项目，成为全国首笔农村产权交易保证金保险保单的受益人。

2.中小微场景金融实践

中小微企业作为实体经济的重要组成部分，在稳增长、强财力、扩就业、促增收等方面发挥着不可替代的重要作用。然而受疫情的持续影响，中小微企业抗压能力弱，抗冲击韧性差等特性不断暴露，对金融贷款的融资需求持续增加,面对中小微企业抵押不足、信用不足等问题,如何快速提升银行的金融服务效能仍是亟须解决的巨大挑战。

为此,**一方面**国家不断推动政务数据的开放,如"银税互动"政策,解决中小微信用数据缺失问题;**另一方面**,很多银行也通过联合金融科技企业,利用技术驱动数据价值的释放,创新服务模式,完善中小微信贷风控画像。

神州信息积极响应国家的"银税直连"政策,在中小微场景领域,帮助金融机构构建服务中小微的金融能力和模式,提供一站式包括获客、银税数据获取、指标衍生、智能风控等一体化解决方案,形成资产包全链业务,为服务实体经济,实际解决中小微企业面临的信贷难题。目前,"税务SaaS金融服务解决方案"等服务,落地富民银行、苏宁银行、百信银行、亿联银行、华瑞银行、新网银行等多家金融机构,覆盖北京、浙江、上海、山东、江苏、广东、深圳、山西、河北等全国31个主要省(市),为80万中小微企业提供信贷服务。例如,2020年疫情期间,帮助湖北省内中小微企业直接贷款超50亿元,极大地疏解了企业的经营困难。

(三)基于云原生、数字原生的技术范式创新——未来银行架构

如何打造面向未来的银行支撑架构体系,以适应数字时代和数字经济,满足普惠客群个性化、差异性、多样性的金融服务技术支撑体系,推动数字金融普惠的发展,已经成为银行及金融机构的发展方向。

在当前的金融数字化转型中,银行普遍遇到以下几个问题。第一,在当前金融机构普遍的IT架构中,很多都是直接面向不同业务部门需求建设的独立系统,导致各系统呈"烟囱式"布局,相互割裂。**第二,**不

同系统内交易处理和数据处理相对割裂，导致数据价值无法快速反馈到业务过程中。金融机构拥有大量的数据沉淀，在数字经济时代如何释放数据价值，服务于业务处理、服务于客户体验、服务于金融产品创新，在当前架构上是缺失的。第三，IT架构的落后制约了银行的综合金融服务能力和产业金融服务能力，特别是典型产业场景的快速融合服务能力。

云原生、数字原生作为数字技术的范式典型，可以构建人类社会数据处理的最低基础支撑，极大地提高企业在获取、处理、传递、存储、分析以及利用数据过程中的效率，提升银行的数字化程度。同时，结合数字化进程中不断的技术应用，又进一步推动了数字技术的发展。因此，面向未来的银行架构，不仅要从金融机构的自身角度出发，更要着眼于普惠金融客群的角度，探索和设计一套融合生产生活场景建设和金融IT系统建设的多层次多体系的整体架构，其中"场景建设""旅程服务""能力输出""资源积累""组织管理"五个层次是规划的重点。不仅要为满足业务发展诉求提供数字化支撑服务，更要充分利用数字技术去破解普惠金融的难题。

在"场景建设"层，要帮助银行拓展业务触角，提供统一交互体验、输出整体品牌形象，帮助银行接触和获得客户。**在"旅程服务"层**，通过用户旅程、产品服务和资金投资三部分相关系统，根据特定场景下的用户，提供不同服务需求定制"千人千面"的流程体验及产品服务，帮助银行增强客户黏性。**在"能力输出"层**，主要实现银行将基础能力以集中方式向旅程服务进行金融能力的输出，如人工智能、大数据等能力。现在很多银行正在建设的技术中台和能力中台正是基于此考虑。**"资源积累"层**主要通过湖仓一体的技术，来沉淀和管理业务过程中的数据资源，如客户数据资源、外部数据资源、政府数据资源、机构数据资源等，将业务数据化、模型化。最后,"**组织管理**"**层**,是整体架构面向金融企业监管、审计和经营管理等组织管理层面的系统,是保障金融企业平稳运行发展的根基。通过五个层次的综合考虑和布局,实现银行数字化能力的综合复用和赋能,不仅面向客户,也推动自身的数字化转型。只有打破原有的单体架构体系,才能更好地发挥云原生、数字原生技术的驱动效用,作用于普惠金融在产业多元化场景的纵深应用。

图3-1 未来银行架构

以农业生产场景为例,农业客户在农业产业链过程中经历购买种子化肥、租用器材、销售及物流运输等不同环节,传统银行服务因为不懂农业生产,无法预测风险,较难在农业生产环节有效地为农户以及上下游产业提供专业的金融服务。在未来银行架构下,"场景建设"层次的系统可以帮助银行与合作伙伴共同营建生产场景接触到客户。例如,打通种子公司销售平台,提供小额贷款;打通物流平台,帮助农户选择最适合的物流方式;建设农产品加工社群,帮助农户进行农产品加工等。在这个过程中,"旅程服务"层次的系统不断优化针对农户的服务,结合行业特性及用户在不同时节的资金需求、风险承受能力等，对农业产业链关键环节的金融服务旅程进行一站式场景建设。这一过程中，银行通过"能力输出"层的系统将自身的存、贷、汇等专业金融服务输出给农户，同时借助 AI、实时数据能力提供更加智能化的业务处理。整体架构里的"资源积累"层系统会将服务过程产生的数据按照标准和规范有序地管理起来，同时基于对合作伙伴"三农"数据的累积分析，帮助银行防范农业生产过程中的风险，拓展农业金融业务。最后，银行根据累积的数据资源，通过"组织管理"层次的系统实现数字化经营模式升级。

在未来银行架构中，由三个重要的基础技术能力输出支撑起五层整体架构。第一个是技术中台，基于云原生和微服务体系重构银行各类服务能力，现有的各种框架技术、分布式技术、区块链技术、IDE 工具以及运维管理类系统都会分解融合到银行统一的技术中台里。不同层次的业务系统在统一的技术标准和协议规范下形成一个个微服务，相互协同完成业务的处理。**第二个是数据中台**，可以为业务服务和内部管理提供数据治理、数据建模、数据开发、数据分析、数据服务等自主研发、市场领先的一系列服务与组件，助力金融释放数据价值。如何将零售、企业、"三农"等产业在生活生产中的数据要素转化为金融资产，将数据作为重要的生产要素投入业务发展过程中，也将是数据中台建设的重点。**第三个是 AI 中台**，利用 AI 中台的学习和智能化处理能力全面释放应用系统潜力，支撑数字金融可持续发展。AI 中台可提供整套 AI 能力应用，帮助整体架构内各业务系统和技术平台实现不同的智能化需求，例如，金融产品的自动装配、业务流程的自动优化、系统故障的智能预警、代码的自动化生成等，释放出更强大的 IT 潜能。

四、共同富裕，需要更普惠、更数字的"新银行"

（一）数字技术重塑金融基础设施——金融新基建

基建是人类文明的标志，更是人类发展的基石。 工业文明时代，以"铁公基"为代表的传统基建，充分满足了社会生产力释放需求，有力地推动了资金、人力等要素流动，推动了工业经济和现代社会发展。数字文明时代，以数字技术为支撑，以数据为核心的新基建，成为数字经济发展的新引擎，为重构生产关系、发挥数字生产力所蕴含的巨大能量奠定了坚实的基础。以数字技术为代表的新技术应用，在数字技术、数据要素充分融合的状态下，将共同推进人类社会迈向新阶段的快速发展。

金融新基建是数字普惠金融的基础支撑，数据将成为新基建的核心。 当前大部分银行所管理的资产，仍然是传统的货币资产，存在价值的上限。随着金融新基建的推进，数据资产化和资产数据化进程的加深，银行所管理的资产将扩展为全行业的数据资产，其蕴藏的价值是无限的。因此金融新基建通过数字技术的应用，不仅实现银行等金融机构服务、监管、资产、风险的模式变化，更为重要的是真正实现了数字化转型，推动数据资产的转化。同时，通过区块链等技术，构建基于零信任的信用风险体系，将有可能解决数字普惠金融面临的信用问题，让全社会享受到信用身份一体化。通过数字资产和身份合一的融合，带来颠覆式的创新服务，也是数字普惠金融的重要体现形式。例如，未来的职业农民，可以在银行构建基于个人身份的资产信用账户，不仅包含实际资产，其农房、农地、农机具，甚至农作物等也都可以作为身份信用的数据资产，在农业生产的各个环节，像种子购买、播种、农机具租用、农作物售卖等，都可通过身份识别，享受"身份+信用+识别"的一体化数字普惠金融服务。

金融行业正在拉开新基建的帷幕，支付、信用和数字化技术的全面融合，信用及数据安全性的一致关系的保障，特别是基于生物识别的认证信用的一体化，以数据资产形成全新的信用支撑，是构成未来金融新基础设施的关键。基于云原生、数字原生的数字技术正在重塑整个银行的信用管理体系，数字技术正在推动产融一体化。

（二）数字技术让银行更普惠，普惠驱动银行更数字化

数字经济时代，为应对挑战、把握机遇，银行必须具备时代要求的新能力，开创新模式、扮演新角色，因而可以将数字经济时代的银行称为"新银行"。它不是传统银行简单地信息化、数字化，因此无法从开放银行、轻型银行、生态银行等功能层面的改善进行定义，符合数字时代的"新银行"要在经营理念、业务逻辑、价值定位等方面进行全面升级。

符合"新银行"要求，一方面要把握数字科技带来的能力脉动，理解基于数字科技而带来的经济模式转变，进而能够重新设计和发展金融服务，这就意味着"新银行"必将是金融与科技的一体化深度融合体。例如，基于身份和信用的一体化融合，可以让大众更便捷地享受到普惠金融服务。**另一方面**，伴随数字经济对传统产业的改造升级，基于新的普惠金融场景，"新银行"的数字普惠金融服务将进一步催生业务与数字技术的融合。例如，以物联网为代表的数字技术将各种信息传感设备与互联网结合起来，将人与人、人与物的连接拓展到物与物，实现了更广泛的连接触达；以区块链为代表的数字科技为解决与人类社交行为相伴而生的信任问题提供了全新的可能性，通过加密算法和分布式记账，解

决需要权威机构和第三方节点进行信用认证的问题，通过技术提高了信息传递和互信的效率，建立了更可信的信息互联；以云计算为代表的数字科技为数字资产的生产加工提供了全新技术架构，为开放生态建设提供了稳定的基础设施资源，通过集成算力、应用程序、数据和其他资源，构建了更强大的资源框架；以大数据为代表的数字科技使得不同类型数据的共享和大规模流动成为可能，推动数据价值挖掘，完成数据资产向数据资本转变的最终闭环，打造了更有效的价值挖掘；以人工智能为代表的数字科技为正确解释数据提供更有力的支持，从数据中学习，并通过灵活适应实现特定的目标和任务，在数据有效采集、可信传输的基础上，结合云架构，在更广阔的领域落地数字智能化实践，完成了更智能的人机互动。

（三）国家的共同富裕，人民的"新银行"

银行作为现代经济的核心，在践行普惠金融和推动共同富裕的过程中，具有举足轻重的作用。 科技在改变金融、赋能银行金融服务的过程中，要坚持金融的本质，要服务于实体经济，服务于国家战略，服务于人民的需求。2022年，中国银保监会《关于银行业保险业数字化转型的指导意见》，提出坚持以人民为中心的发展思想，深化金融供给侧结构性改革，以数字化转型推动银行业保险业高质量发展，构建适应现代经济发展的数字金融新格局，不断提高金融服务实体经济的能力和水平，有效防范化解金融风险。

未来的"新银行"不是传统银行的简单迭代，而是从数字科技能力和数字经济本质属性出发升级而成的，是具备全新业务形态和全新能力定位的新型服务机构。 它的建设是一个系统化工程，由整个数字化生态体系为之服务，其中既包括商业银行和各类金融机构，也包括客户的数字化对接、需求的培养，还包括金融科技企业提供相关技术支持和场景服务。因此，新银行的建设，需要紧扣以下几个方向。

首先，从自身战略定位出发。银行所处经济环境是"新银行"建设的基础，产业数字化程度决定了"新银行"服务的渗透可能和数据来源等决定性因素。银行在进行自身数字化建设的时候要先对自身发展战略相关经济领域数字化状态进行判断，进而推动"新银行"建设。**此外**，"新银行"建设过程中结合自身数字化需求和相关领域数字化发展特征，双向互动，推动产业升级。

其次，明确发展痛点。建设"新银行"的过程应与自身业务战略发展相结合，从自身痛点出发进行"新银行"建设。参照数字原生、场景融合、为客户增值的新银行要求，对自身技术架构、业务架构、组织架构进行调整，打造数字化氛围，激发创新服务潜力；针对性选择生态合作伙伴，弥补能力缺陷，打造数字化服务生态。

最后，选择个性化路径。根据自身技术基础、业务基础及环境基础，可选择个性化建设路径。从技术架构出发，全面重塑科技实力，以数字智能带动业务发展，包括技术架构、核心系统、营销渠道管理、数据治理能力升级。可参考平安银行重塑业务模式，打造 AI 零售等方式。

从业务需求出发，针对目标业务发展方向及场景发展需求，先对业务需求进行跟踪进而推动科技需求和组织架构调整，不断丰富基础能力配合业务发展，建设开放平台、智能营销体系等，进而推动中台建设提升业务能力。聚少成多、不断局部优化，投入体量不足或前期数字化能力较弱的银行可考虑在全面评估和进行整体规划的前提下，聚焦限制自身发展的特定方向，比如，进行核心系统、数据中台、风控中台单项建设等，循序渐进推动"新银行"建设。

今天的银行能否真正完成向"新银行"的蜕变，核心在于"普惠"，关键在于"数字"，抓手在于"场景"，最终目的是要服务实体经济。 只有坚持普惠金融的初心，推动共同富裕的目标，真正做到服务实体经济，才能实现金融风险的化解，身正才能行稳。要坚持数字化转型，加快数字技术的融合应用，加大数据要素的有效利用，构建以数据为核心的金融新基建，推动金融服务不断创新和完善。要下大力气，建设好场景金融服务，包括供应链场景、农业场景等产业场景，服务好场景上下游的中小企业和参与者，让每个人、每家企业能够平等地享受数字普惠金融释放的红利。既能使银行自身获得巨大的发展空间，找到新的盈利点，也能推动国家普惠金融落到实处，为社会创造更大的价值。

"新型实体企业"如何助力共同富裕

沈建光　朱太辉　张彧通

　　中小企业发展既影响经济增长,也关系大众就业,对推进共同富裕至关重要。近两年来在新冠疫情冲击、成本上升、需求下降等因素的叠加影响下,我国中小企业的经营压力持续较大。为此,减税降费、留底税额退税、加大金融支持力度等政策相继出台,很大程度上对冲了外部环境变化对中小企业经营发展的影响,但中小企业严峻的发展形势并未有效缓解。2022年3月,中型企业PMI跌至收缩区间,小型企业PMI连续11个月处于收缩区间。

　　与此同时,为推动平台经济规范健康发展,近年来我国积极推进平台企业整治,不断出台平台企业治理政策。但在数字化、生态化发展加

沈建光系京东集团副总裁、京东科技首席经济学家;朱太辉系京东经济发展研究院副院长;张彧通系京东经济发展研究院高级研究员。

速推进的大趋势下，一批拥有传统实体企业属性、具备平台企业属性、兼具强大科技能力的"新型实体企业"应运而生，并与千千万万的中小企业形成了越来越密切的"生态圈"。在此背景下，平台企业治理影响的不只是平台企业和"新型实体企业"自身发展，也对中小企业的经营产生重要影响。

因此，在推进共同富裕的国家战略下，平台企业规范治理与中小企业发展支持需要加强统筹协调，相关政策的制定实施还需要深入理解"新型实体企业"对中小企业发展的科技赋能作用和生态放大效应，从而更好形成"政策合力"。

一、"新型实体企业"打造了与中小企业生态共建的新样板

"新型实体企业"是数字化运营实体业务和技术性赋能产业链供应链的结晶。这类平台企业出生于"实体企业"，集"实体性""科技性""产业生态性"和"网络外部性"四重属性于一身。

一是"实体性"："新型实体企业"首先是"实体企业"，直接参与实体产业链，承担商品和服务的生产、流通任务。**二是"科技性"**："新型实体企业"也是"数字科技企业"，持续以5G、人工智能、云计算、区块链等数字科技创新作为推动发展经营的动力来源。**三是"产业生态性"**："新型实体企业"还是"产业链服务企业"，将自身融入产业链供应链，为上下游企业提供基础服务。**四是"网络外部性"**："新型实体企业"又是"大型平台企业"，高效链接双边或多边市场，促进供需匹配、打通上下游。

结合四大属性,"新型实体企业"对外提供四类产品和服务。**第一类是产业/企业数字化转型服务**。"新型实体企业"依托数据和技术禀赋优势,结合对实体行业的认知,担当"数字科技服务商"角色,积极对外数字化赋能。**第二类是生态基础服务**。"新型实体企业"连接联系紧密的多条产业链以及产业链中的上下游企业形成产业生态,并提供仓储、物流等产业链、供应链的传统"生态基础服务"。**第三类是打造新型基础设施**。"新型实体企业"将自身创新并积累的数据中心、云计算平台、物联网设施等设备打造成为行业生态的"新型基础设施",建立技术赋能、普惠共享的技术底座。**第四类是提供互联网平台服务**。"新型实体企业"通过互联网平台,一方面创新实体经营渠道,提升了自身产品和服务的流通;另一方面对接产业链供需双方,扩展了行业规模和效率。

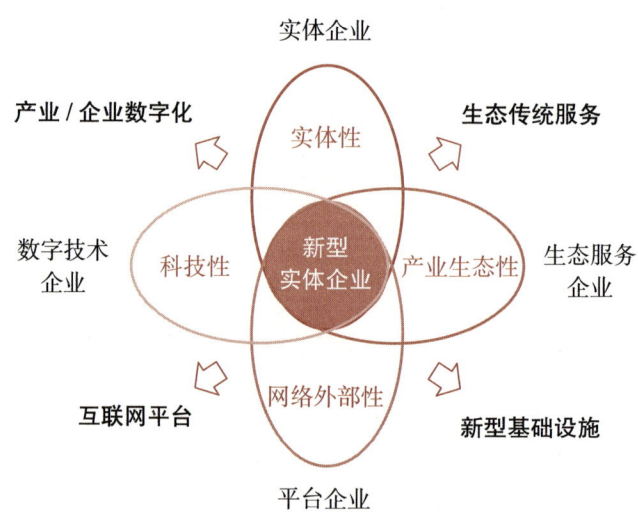

图3-2 "新型实体企业"的内涵框架

资料来源:京东经济发展研究院绘制。

二、"新型实体企业"缓解中小企业经营压力的三大机制

"新型实体企业"打造了产业链、技术链和融资链相互联结的数字化生态:"新型实体企业"主导供应链产业链生态,中小企业通过参与生态提升供需对接能力;"新型实体企业"提供数字化赋能,中小企业提升自身经营质效;"新型实体企业"通过数字技术和各类数据提升融资可得性,降低中小企业融资成本。通过数字化生态的构建,各类主体数据、交易数据、运营数据等不断积累沉淀,与数字技术系统共同组成了数字化生态的底层。

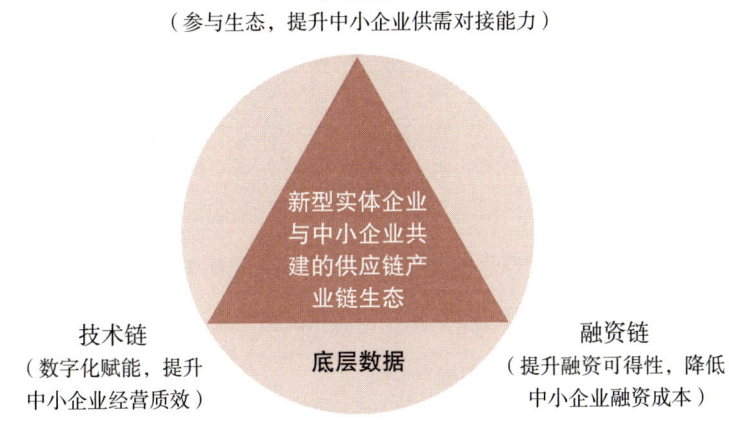

图3-3 "新型实体企业"的数字化生态

资料来源:京东经济发展研究院绘制。

(一)打造产业链,带动中小企业参与供需对接,扩大经营规模

数字经济下,"新型实体企业"已成为众多产业链供应链的"链长"。一方面,"新型实体企业"通过创新推动社会生活各行业各类领域新产业、新

业态、新模式发展；**另一方面**，具有平台属性的"新型实体企业"以自身为实体产业核心企业，打造了连接用户、企业、平台等多方主体的产业链供应链生态。中国互联网络信息中心《第49次中国互联网络发展状况统计报告》显示，截至2021年6月，各类"新型实体企业"在18个细分业务领域中的平均用户规模达6.5亿人，成为这些产业链供应链的"链长"，其中即时通信、网络视频、网络购物、网络支付等行业的网民使用率超过了80%。

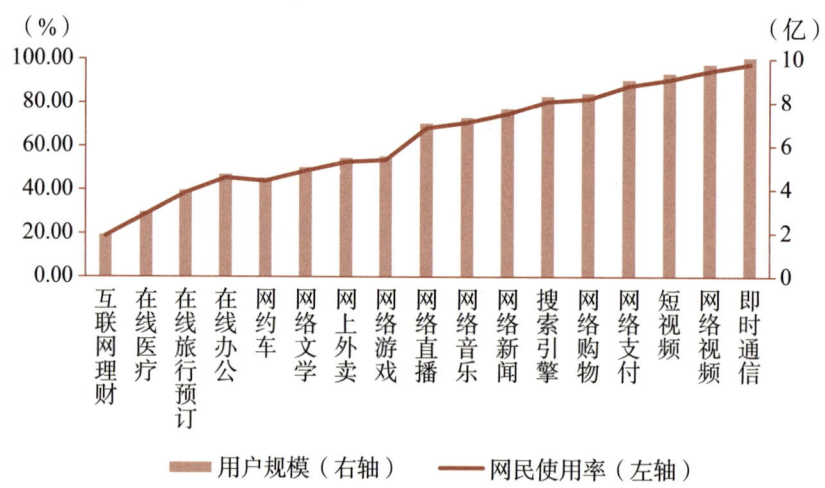

图3-4 "新型实体企业"连接的各领域用户规模和网民使用率

注："网络视频"包含"短视频"领域。
资料来源：中国互联网络信息中心《第49次中国互联网络发展状况统计报告》，京东经济发展研究院。

"新型实体企业"通过科技创新，推动供应链上下游企业创新发展。例如，在电商领域，以电商交易平台为核心，部分"新型实体企业"创新打造定制生产、仓储物流等产业链上下游的业态，积极开放自身基础设施、技术优势、服务能力，链接、赋能、优化上下游合作伙伴，打开产业链增长新空间。又如，引导中小企业聚焦智慧城市、商贸流通、健康养老、家政服务、文体旅游等产业链生态上的细分环节提供专业化、精细化配套服务，从而推动大中小企业深度融合、相互嵌入式合作。

中小企业积极参与"新型实体企业"产业链，扩大生产经营规模。从行业上看，中小企业占比高的行业，同时也是"新型实体企业"重点服务的行业。2021年国家市场监管总局发布的《互联网平台分类分级指南（征求意见稿）》根据所处的行业将互联网平台划分为网络销售、生活服务、社交娱乐、信息资讯、金融服务、计算应用等六大类。零壹智库《中国数字化小微金融创新实践报告2021》统计分析了小微商家的行业偏好，其中在生活服务等"新型实体企业"提供生态服务的行业中，78%的餐饮店和84%的便利店都是中小企业。从数量上看，中小企业构成"新型实体企业"产业链供应链生态主体的大多数。企查查大数据研究院《2020中国电商行业大数据报告》的数据显示，截至2020年10月，我国在业/存续的电商主体265.1万家，其中企业196.0万家，80%的注册资本在500万元以内的中小企业。《2021电商行业数据报告》统计显示，2021年电商主体数据较2020年翻了一番，超过571万家，仍然主要是中小企业。

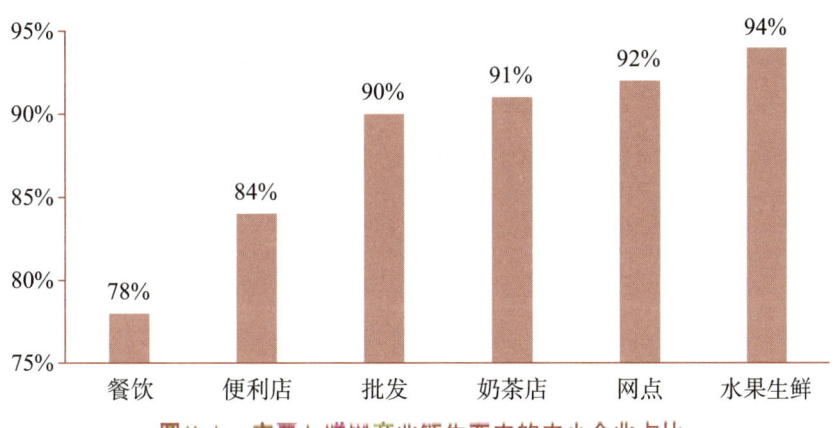

图3-5 主要互联网产业链生态中的中小企业占比

资料来源：京东经济发展研究院根据零壹智库《中国数字化小微金融创新实践报告2021》整理。

（二）提供数字化底座，推动中小企业数字化转型，提升经营效率

"新型实体企业"拥有强大的技术基因，技术研发投入持续加大。 通过将17家上市"新型实体企业"和A股科技板研发费用排名和研发人员占比排名前17位的企业进行对比，我们发现：前者的平均研发费用为111.2亿元人民币，研发人员与总员工人数平均比例为49%，均高于后者的94.6亿元和22.80%。

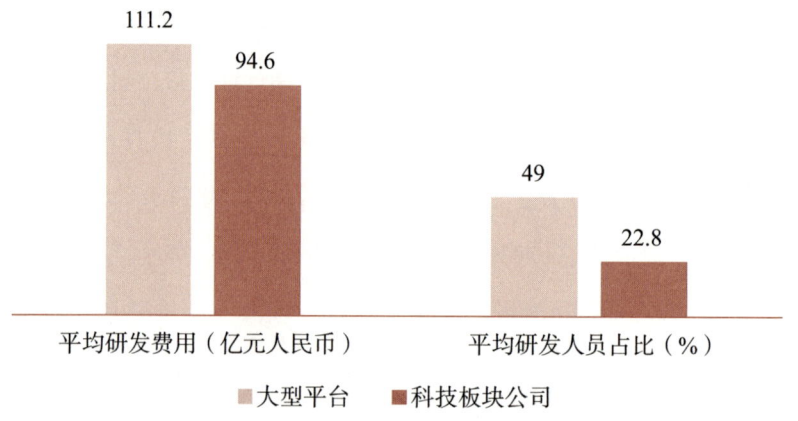

图3-6　17家上市"新型实体企业"与17家A股上市龙头研发费用和研发人员占比

资料来源：京东经济发展研究院根据上市公司财报以及公开信息整理。

"新型实体企业"已成为中小企业数字化转型的主要技术输出方。 面向技术、管理、生产、产品、服务等全过程的细分场景，"新型实体企业"拥有使用便捷、成本低廉的场景数字化解决方案，实现以场景数字化带动中小企业整体数字化转型。同时，"新型实体企业"致力于推动中小企业网络化协同，研发云、SaaS等服务支持中小企业加快传统制造设备上云和业务系统向云端迁移，满足生态内中小企业研发设计、生产制

造、经营管理、市场营销等需求。

中小企业积极推进数字化转型,提升经营管理效率。随着数字经济平台经济的快速发展,数字化转型已成为中小企业提升经营管理能力的必要手段。艾瑞咨询数据显示,2015年中小企业数字化服务行业市场规模仅179.4亿元,2021年已达到2578亿元。同时,易观研究《中国小微企业云服务市场专题分析2020》发现,小微企业对以云服务为代表的数字技术的需求目的明确,49.5%想要提升企业管理效率,36.3%以提升企业智能化水平为目的,26.8%则为了应对数字化发展趋势。

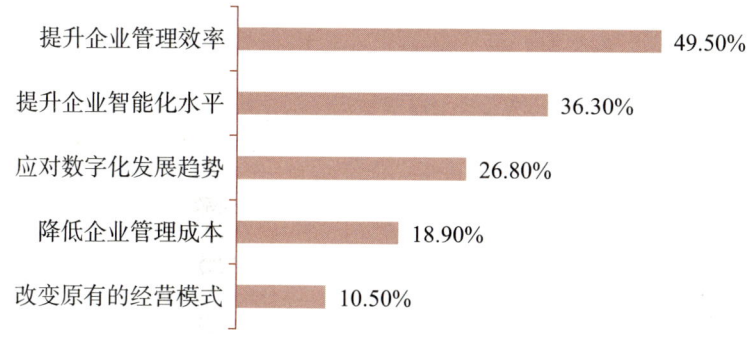

图3-7 小微企业愿意接受云服务的原因

资料来源:京东经济发展研究院根据易观研究《中国小微企业云服务市场专题分析2020》整理。

(三)依托数据积累,改善中小企业供应链金融服务,提高融资质效

"新型实体企业"依靠场景、技术和数据优势,更好开展中小企业信用评估。在生产、经营和服务的过程中,以"新型实体企业"为核心的产业链供应链生态不断生成不同行业、不同主体、不同场景的各类数据,

通过新型基础设施和数字科技技术收集、沉淀后，通过大数据、人工智能、区块链等技术的运用形成产业链图谱、中小企业画像、风险控制标签等产品，利用企业征信牌照进行信用评估，帮助金融机构解决中小企业信息不对称的问题，从而更好地提升其服务中小企业的质效。

"新型实体企业"自身从事供应链金融服务，促进"产业—科技—金融"良性循环。作为产业链生态的核心企业，"新型实体企业"整合了物流、资金流、信息流等信息。以此为基础，"新型实体企业"通过申请设立贷款机构，或者与金融机构合作，积极创新供应链金融业务模式，实现客户分层、精准营销、交叉销售、风险预测和风险筛查，更加快捷地响应生态内中小企业的结算、融资、财管等方面的需求。与此同时，"新型实体企业"向金融机构输出供应链金融科技解决方案，强化金融机构供应链金融的科技支撑。

中小企业通过参与"新型实体企业"产业链供应链生态和获得技术赋能，缓解信息不对称和抵质押物不足对融资的制约。小微企业的融资额度较低、风险较大，其金融服务的商业性相对较低。例如，零壹智库《中国数字化小微金融创新实践报告2021》显示，小微企业主以80后、90后为主，贷款额度普遍低于30万元。一方面，中小企业通过参与"新型实体企业"的产业链生态，交易信息不断积累和动态更新，从而更好地反映中小企业真实经营状况；另一方面，通过"新型实体企业"提供的供应链金融科技解决方案，中小企业提升了自身信息的标准化程度和更新频率，明确了与大型企业相似的信用信息共享方式、授权机制。

以京东科技参与小微企业信用信息服务为例。京东科技基于领先的大数据评分及企业风控实践经验，利用企业征信牌照和朴道征信的个人征信牌照对外提供数据融合和征信服务。京东科技通过构建全息式的小微企业和企业主精准画像,形成有特点的小微企业评价能力,实现对全量1.46亿在营企业的风险评估,覆盖100%的行业和市场全量在营90%的企业。

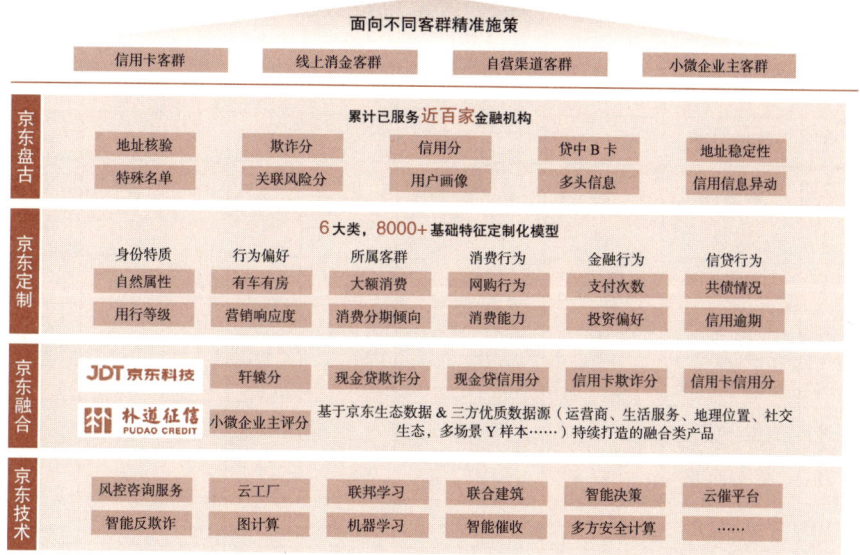

图3-8 京东的数据融合和征信服务

资料来源:京东经济发展研究院。

三、中小企业与大型企业共建发展生态已成全球趋势

(一)疫情后各国积极鼓励中小企业与大型平台企业共建发展生态

为应对疫情冲击,各国纷纷出台中小企业与大型企业联动的经济稳定政策。为确保中小企业能够正常运转,多个国家明确要求通过出台促进政策、监管制度或者金融激励等方式,推动中小企业参与大型平台生态建设,包括连接电商平台、降低平台收费、数字化赋能、开展技能培

训、开放物流等基础设施，等等。

表3-1　各国政府出台大型企业与中小企业联动的政策

		连接电子商务平台（16）	降低或者补贴平台收费（4）	数字化赋能（9）	技能培训（4）	开放物流等基础设施（1）	打造生态（1）
1	智利	√		√			
2	爱沙尼亚			√	√		
3	葡萄牙	√					√
4	埃及	√		√			
5	希腊	√		√	√		
6	冰岛	√					
7	印度尼西亚	√	√				
8	爱尔兰	√	√				
9	马来西亚	√		√			
10	立陶宛	√					
11	以色列		√				
12	意大利					√	
13	澳大利亚	√		√			
14	丹麦	√		√			
15	法国	√	√				
16	韩国	√					
17	新西兰	√		√	√		
18	英国	√					
19	日本	√					

注：在表中的19个国家中，有16个国家（占样本量的84.2%）出台政策明确要求大型平台尤其是大型电商平台要确保中小企业能够连接电商平台；有9个国家（占样本量的47.4%）明确要求大型企业向中小企业提供数字化工具，实现数字化赋能。

资料来源：京东经济发展研究院根据OECD "Coronavirus（COVID-19）：SME policy responses"，"E-commerce in the time of COVID-19" 报告以及公开资料整理绘制。

实践中，各国大型平台企业或者数字化企业自发加大中小企业帮扶力度。在降低平台费用方面，大型平台企业对中小企业降低平台注册费、提供免费广告服务、豁免罚金；在提供金融服务方面，向中小企业提供低息甚至无息贷款，提供商业纾困资金；此外，大型平台企业或者数字化企业还为中小企业提供远程办公工具、数字化赋能、开放物流等基础设施，以及通过优惠券等方式补贴中小企业经营等方式。

表3-2　各国本地大型平台企业或数字化企业的联动帮扶

		降低平台收费（3）	提供金融服务（5）	提供数字化工具（2）	补贴商业经营（2）	开放基础设施（3）
1	德国				√	
2	美国		√	√	√	
3	印度尼西亚	√	√			
4	澳大利亚	√				
5	英国	√	√	√		
6	巴西		√			√
7	加拿大		√			√
8	意大利					√

注：在我们整理的8个国家中，有5个国家的本土企业为中小企业提供金融服务；有3个国家的本土企业（占样本量的37.5%）为中小企业开放基础设施，并降低平台收费。

资料来源：京东经济发展研究院根据OECD "Coronavirus（COVID-19）：SME policy responses"，"E-commerce in the time of COVID-19" 报告以及公开资料整理绘制。

（二）数字化大趋势下欧美中小企业与大型企业加快共建发展生态

在欧洲，超过80%的中小企业通过互联网平台推广自己的产品和服务。欧洲统计局的数据显示，2019年，76%的欧洲人口使用过在线视频、在线音频等娱乐服务，72%的人口使用过在线购物服务，70%的人口使用过社交网络服务。欧盟委员会和欧洲统计局的研究统计表明，各类互联网平台的用户规模不断提高吸引了超过八成的欧洲中小企业越来越频繁地参与平台生态。

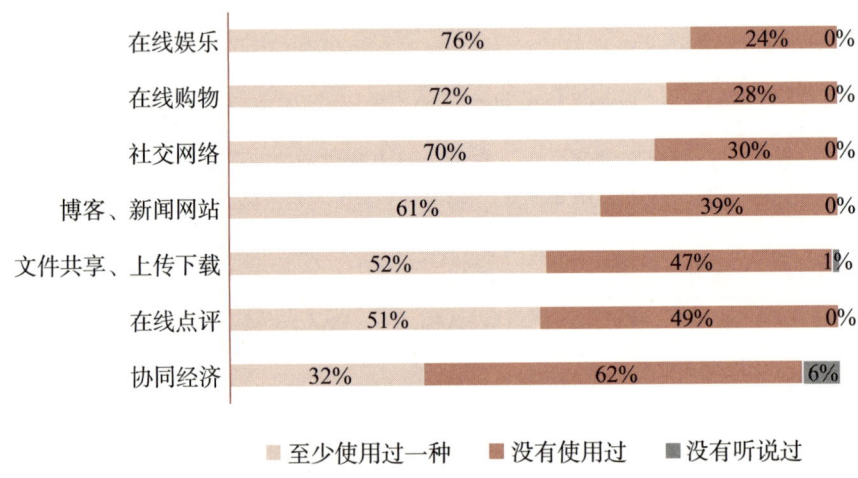

图3-9 欧盟互联网平台用户占欧洲人口的比例

资料来源：欧盟委员会、欧洲统计局。

平台生态具有极大规模效应，欧洲前七家平台提供了约70%的产品和服务。欧盟委员会和欧洲统计局认为，欧盟的加盟国众多，欧洲本土平台企业呈现出大平台少、小平台多的特色，并且互联网用户和中小企业呈现出向头部大型企业集聚等趋势。截至2020年，欧盟共有超过10000家平台企业，8%是本国本地区的当地大型平台，其中最大的七家平台提供了全市场69%的产品和服务；55%是小型平台和微型平台，合计仅为市场提供了2%的产品和服务。

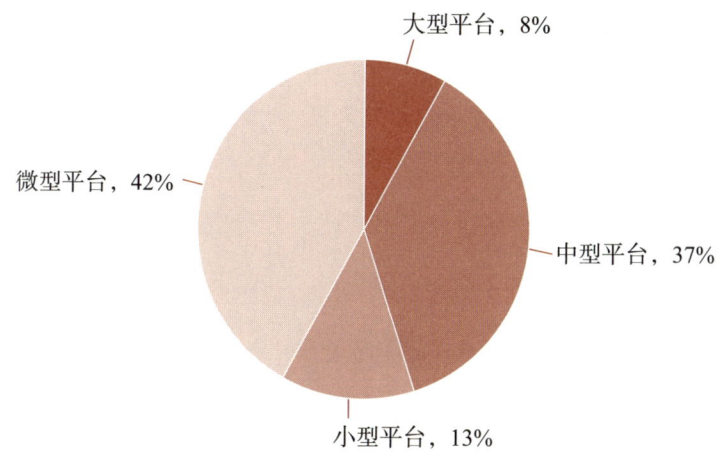

图3-10 欧盟大型平台数量占比

资料来源：欧盟委员会、欧洲统计局。

大型平台/实体企业对中小企业开放上下游生态，具有双赢效应。以沃尔玛为例，围绕自身实体零售龙头的优势，沃尔玛融合线下店铺和线上网站、移动应用渠道优势，将自身的经营范围从日常零售扩展到广告、健康、支付、物流等领域，并将自营销售平台、广告业务、物流业务等开放给第三方卖家。第三方卖家可以购买沃尔玛自营物流配送服务WFS（Walmart Fulfillment Services），由沃尔玛负责包括揽收、包装、仓储、运输、交货、退货甚至客服在内的物流仓储服务。通过开放生态，沃尔玛已经超过e-bay，成为仅次于亚马逊的第二大"电商平台"。又如另一家零售巨头克罗格（Kroger），选择与微软合作打造"零售即服务"模式（RaaS），改造其线下店铺并建造以"自动化客户交付中心"（automated customer fulfillment centers）为核心的自营仓储物流体系，为自动化客户交付中心所在的线下区域提供"零售+仓储+送货"的生态服务通过线上平台与线下服务的整合，克罗格正在超越塔吉特（Target）、百思买

（Best Buy）等传统竞争对手。

（三）数字化赋能也是欧美大型企业与中小企业共建发展生态的主要途径

大型企业与中小企业共生共建有效提升了生态内企业的发展能力，降低经营成本。与传统供应链核心企业与其上下游中小企业的关系不同，**大型企业与中小企业的发展生态共建高度依赖数字化赋能，表现为以大型实体企业为核心，通过自身数字化、网络化形成生态，从而实现与生态内中小企业的业务交融、技术赋能和数据积累。**

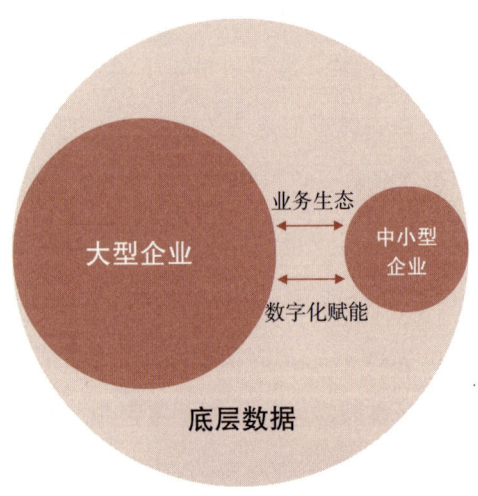

图3-11 大型企业与中小企业共生共建生态

资料来源：京东经济发展研究院绘制。

大型企业与中小企业共建发展生态在全球正得到越来越多的认可。即使在线上化、数字化发展相对滞后的尼日利亚等非洲国家，电子商务巨头Jumia也通过打造自营物流基础设施，连接了多个国家的中小企业，共同向埃及、加纳、肯尼亚、喀麦隆等非洲国家提供电商生态服务。

四、"新型实体企业"全面助力共同富裕的政策建议

"新型实体企业"发展已不是自身问题，而是涉及众多中小企业发展的全局性问题。应当在"正确认识和把握资本的特性和行为规律，支持和引导资本规范健康发展"大方针下，划定平台企业发展的"红绿灯"，出台差异化财税支持政策，积极开放政府数据和公共数据，推动"新型实体企业"在支持中小企业发展和共同富裕上发挥更大的作用。

一是完善平台经济领域反垄断和不正当竞争政策，合理划定平台经济领域的发展"红绿灯"。 平台企业发展的成败，是推动平台经济与实体经济深度融合、加速产业转型升级、提升竞争力的关键。在重点修订《反垄断法》，制定出台禁止网络不正当竞争行为规定，制定出台平台经济领域价格行为规则，建立健全平台经济公平竞争监管制度等规则的同时，积极落实发改委和商务部《市场准入负面清单》设置的发展"红绿灯"，进一步明确平台企业"不能做什么，可以做什么"，给平台企业吃下"聚精会神办企业，心无旁骛谋发展"的"定心丸"，缓解当前平台企业经营发展快速下滑的态势。

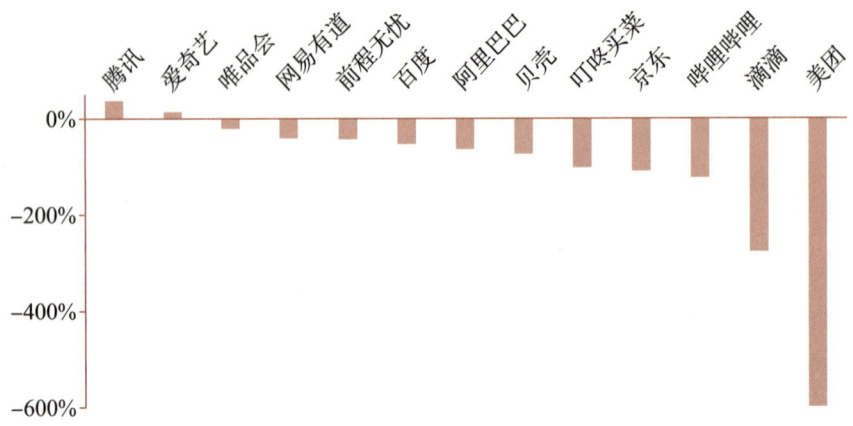

图3-12　2021年头部平台公司利润同比增长率

资料来源：京东经济发展研究院根据各家企业公开财报数据整理。

二是出台差异化的财税支持政策，激励"新型实体企业"更好承担社会责任和支持中小企业发展。在市场竞争和创新发展过程中，不同的"新型实体企业"发展出不同的特点。**一方面**，科学界定"新型实体企业"内涵，区分"传统实体企业""新型实体企业""平台企业"等不同企业类型，在"三新"经济和数字经济统计监测的基础上，推出"新型实体企业"统计监测体系；并根据不同"新型实体企业"的类型细化不同"新型实体企业"的管理要求，建立数据处理、合规管理、互联网平台信息公示、算法安全等规则，持续打击违法侵犯个人信息、大数据杀熟、流量劫持等行为，进一步强化广告管理、消费者保护、"新型实体企业"税收、非法行为监管等要求。**另一方面**，通过税收返还、创新奖励等方式，鼓励"新型实体企业"承担更多社会经济责任，支持兼顾"实体性""科技性""产业生态性"和"网络外部性"的"新型实体企业"发展，发挥好"新型实体企业"的联动辐射作用，创造和吸纳就业，保障员工劳动权益，促进中小企业参与的生态健康发展，将规模扩张、收入增长、利润目标与更高格局的"社会福利最大化"目标相结合，坚持对用户、对伙伴、对社会、对环境、对社区、对员工肩负责任和创造价值。

三是积极推进"信用中国"建设，支持"新型实体企业"更加高效地接入政府数据和公共数据，强化中小企业数字化转型和供应链金融的数据基础。将政府数据和公共数据开放共享纳入"信用中国"建设中，积极落实"要素市场化配置综合改革试点方案""加强信用信息共享应用促进中小企业融资实施方案"等政策，让"新型实体企业"更加快捷、更大范围地接入国家和地方的信息共享平台，协同各个地方的数据交易所加快打造数据交易服务生态。鼓励"新型实体企业"通过数据共享、数据交易等方式，将自身数据与公共数据和政务数据充分融合，以此改善企业征信服务、金融科技服务，推动供应链金融场景化和生态化发展。

肆 共同富裕示范区的探索

实现共同富裕的金融使命 / 王忠民

建设共同富裕示范区，浙江的创新性突破性举措 / 贲圣林

共同富裕下的小微金融服务模式创新——泰隆银行的思考与实践 / 王　钧

实现共同富裕的金融使命

王忠民

2021年8月17日,中央财经委员会第十次会议明确提出,在高质量发展中促进共同富裕是我们党践行以人民为中心的发展思想,着力解决发展不平衡不充分问题,更好满足人民日益增长的美好生活需要的重大战略安排。共同富裕是全体人民的富裕,是人民群众物质生活和精神生活都富裕,不是少数人的富裕,也不是整齐划一的平均主义,要分阶段促进共同富裕。这是一个涉及各行各业千家万户的重大问题,笔者拟从三个方面,选取浙江等地的经验,探讨共同富裕的金融使命。

作者系全国社保基金理事会原副理事长。

一、金融助力共同富裕中服务的普惠性

中国特色社会主义的性质决定了我国金融业必须面向亿万人民群众，更加重视新发展理念，更好发挥金融在调整产业结构、改善收入分配和增进社会福利方面的作用。**金融在实现全社会共同富裕中可扮演服务普惠性的重要角色，这一方面是金融本身功能以及多样化工具属性使然，另一方面也是各类金融机构的自觉追求。** 人民银行指出，要把促进共同富裕作为金融工作的出发点和着力点。通过发展普惠金融和优化财政转移支付促进居民增收，同时也应大力发展普惠金融在促进居民就业、增加居民工资性收入和财产性收入方面的重要作用。据中国银保监会统计，到2020年末，全国普惠型小微企业贷款余额15.3万亿元，增速超过30%，其中5家大型银行增长54.8%。金融系统向实体经济让利1.5万亿元。过去五年，中国5575万农村贫困人口实现脱贫，金融行业在我国脱贫攻坚取得全面胜利的过程中贡献巨大。未来，金融业在促进实现共同富裕过程中仍将担当重要使命。

"十四五"规划和2035年远景目标纲要提出，支持浙江高质量发展建设共同富裕示范区。2021年5月20日，《中共中央　国务院关于支持浙江高质量发展建设共同富裕示范区的意见》提出要畅通金融服务实体经济渠道。**大型国有银行以及其他各家金融机构都把大力发展普惠金融作为促进自身发展的重要战略和举措，并为此创新了多种金融产品和服务。** 比如，为支持乡村振兴战略、助推浙江高质量发展建设共同富裕示范区，中国建设银行浙江省分行率先推出个人乡村振兴共同富裕示范区贷款，为从事乡村振兴生产经营方面有融资需求的经营者提供便利，并建立了专项推动小组。首笔60万元的贷款推出仅10天，授信就突破1亿

元。"共富贷"是浙江落实金融支持共同富裕示范区建设的创新举措,额度最高1000万元,其中信用额度最高100万元。在县域乡镇或行政村从事或支持农业、农村建设、产业融合、城乡融合推进产业,或从事特色农业、休闲农业、乡村旅游、农村电商等领域的自然人,均可申请"共富贷"用于生产经营。

金融在促进农民共同富裕高质量发展方面也可发挥重要作用。例如,浙江省宁海县制定了高质量发展建设共同富裕标杆县的目标:到2025年,共同富裕的物质基础进一步夯实、协同格局进一步优化、群众获得感进一步增强、文明风尚进一步浓厚、安全底线进一步巩固,推动共同富裕标杆县建设取得明显成绩。宁海农商行创设了农民基础金融不出村、综合金融不出镇、行政村推广覆盖率100%、农户授信服务覆盖率100%等普惠服务模式;高水平服务"三位一体"农民合作经济组织联合会(以下简称"农合联")建设,发展覆盖农合联会员授信、担保一体化的普惠金融服务,全力构建"企业+合作社+农户"农业产业链金融服务模式,向5000余户合作社社员发放贷款,金额超5亿元。基层农商行普惠金融的实践促进了标杆县迈向共同富裕的进程。宁海农商行涉农贷款占比连续12年保持在90%以上,余额占全县涉农贷款总量的近80%,全辖农户基本信息采集率达100%,符合条件农户的授信服务覆盖率达100%;承担了全县2/3以上的农户贷款、3/4的农民合作社和家庭农场贷款,以及绝大多数低收入农户贷款。像宁海农商银行这样的银行我国有几千家,加上其他各类金融机构,金融业整体的力量汇集起来,可想而知,推动共同富裕的力量将会多么巨大。

二、金融助力共同富裕中发展的包容性

党的十九届五中全会对2035年基本实现现代化所提出的共同富裕目标，要求全体人民的共同富裕取得更为明显的实质性进展，扎实推动共同富裕。**全会对现代化也明确了三个重要指标：一是城乡区域发展差距和居民生活水平差距显著缩小；二是基本公共服务实现均等化，特别要关注优质基本公共服务均等化；三是中国中等收入群体要显著扩大**。中等收入群体是推动发展的活力源和消费升级的主要推动者。**构建新发展格局，中等收入人口一定要成为主体**。这个目标的设定兼顾了各个方面，有很强的包容性。中央财经委员会第十次会议强调，要提高发展的平衡性、协调性、包容性，加快完善社会主义市场经济体制，增强区域发展的平衡性，强化行业发展的协调性，支持中小企业发展。如果说，金融的普惠性追求的是广度和可得性，那么包容性则是无微不至的触达，是处理好发展中的各种关系，既涉及把社会财富的蛋糕做大，又涉及第一次、第二次、第三次分配的优化。

包容性体现在行业发展的平衡上。一是向制造业倾斜。制造业是富民强国之本，是实现共同富裕的重要引擎。例如，截至2021年2月末，浙江全省制造业贷款余额达2.8万亿元，居全国第一。**二是推广知识产权质押**。浙江创新推广知识产权质押融资，在全国率先试点知识产权质押线上登记，更好满足先进制造业的需求。截至2020年末，浙江辖内知识产权质押融资余额达117亿元，同比增长99.6%，约占全国的1/6。**三是提升小微贷款获得率**。浙江借助数字化改革，构建并完善"金融数字大脑"平台，大幅提升小微企业贷款获得率。该平台累计交易量超过1.3万亿元，直接完成授信超3600亿元。针对63万户纳税B级以上小微

企业，浙江梳理无贷户清单，逐家对接融资需求，2020年新增首贷企业11.6万户。

包容性也应体现在金融业自身的协调发展上。一是保持培育金融业发展的包容性生态环境。 金融业在完成各种产业政策的同时，也需要把握好自身包容性发展的尺度。金融弱而百业弱，金融强而百业强。这一点在中国经济几十年的发展中已被反复证明。**二是保持金融业自身的包容性增长，** 一方面重视银行、保险、证券等各子业的发展，另一方面更要发挥综合金融实力。在保持传统金融机构做大做强的同时，充分发挥民营银行、互联网银行以及金融科技的力量。毕竟金融发展得越充分，包容性越强，越有利于服务共同富裕的全方位需求。**三是保持监管与行业发展的包容性关系，** 更多地采用新的监管科技手段，培育市场主体良好风险管理的文化。**四是保持开放与创新的包容性关系。** 诸多的金融创新来源于金融开放，开放是中国经济高速发展的重要引擎之一，创新开放为共同富裕打下了基础；创新和开放也可让我们的金融机构拥有在全球市场的深海中"游泳"的精湛技能，更多地为国民创造财富，为推进"双循环"新发展格局出力。

包容性还体现在要以博大仁爱的心胸以及贯穿历史和未来的眼光看问题。 根据第七次全国人口普查结果，我国60岁及以上人口为26402万人，占总人口的18.70%，其中，65岁及以上人口为19064万人，占比为13.50%。"十四五"规划明确提出，发展多层次、多支柱养老保险体系，提高企业年金覆盖率，规范发展第三支柱养老保险。**老龄化社会可以带来长寿经济的发展，同时也要看到，老龄化速度过快，对养老金缴存与支出在未来某个时期是否可持续，年轻人现在所缴存的用于未来的养老金是否充裕等问题也提出了挑战。** 绿水青山是我们留给子孙的家园，优越的养老金制度也应该是他们的基本保障。我们不仅要办好今天的事，还要为未来打好基础，铺好道路。这个问题在"共同富裕示范区"也得到了重视。《浙江高质量发展建设共同富裕示范区实施方案（2021-2025年）》对养老金的积累以及养老服务的提供都有专门章节说明。目前，浙江辖内养老年金保险市场规模达133.3亿元，承保1184.9万人次，均居全国首位。同时，联合医保部门在全国率先出台了浙江省级商业补充医疗保险政策，建立了"参保广覆盖、待遇可衔接、筹资多元化"的保险保障机制。

三、金融助力实现共同富裕中高品质生活的安全性

共同富裕是人民群众物质生活和精神生活都富裕。笔者认为，人们常说的"金融使生活更美好"首先是金融带给人们的安全感。这种安全感不仅仅是有了可以下锅的"鱼"饭，更是懂得了结网撒网之法的"渔"术，是一种生存之道，而这种生存之道的根基是诚信致富，勤劳致富，又恰好契合了共同富裕的核心理念。现实经济活动中，人们在获得金融服务的同时，物质生活和精神生活也都得到了满足和提升，这样这个社会就越来越接近物质和精神生活都富裕的社会。

安全性来自金融能够促进人们自信心的确立。金融是建立在共赢基础上的一种培养人持续诚信的机制。有人说，金融服务是伴随着人一生的密切伙伴。比如，金融机构普惠金融的数字化管理，在银行审贷过程中，引入人民银行征信、发展改革委、税务、海关、法院、电力、环保等数据进行交叉验证，关注贷款人的行为数据。无论消费信贷还是小微的经营性贷款，你过去的诚信与否，决定了你第一笔贷款的可能性，而

这之后的按时还款等信用行为决定了你是否会得到后续的金融支持。即便有些人并没有贷过款，那么你的信用卡还款行为，你的汇兑、消费支付等信息也积累成为你重要的信任资源。也就是说，开始与金融打交道时，你想获得贷款，金融要求你诚信是"使之然"，渐渐地便是"使己然"了。诚信使你获得源源不断的金融支持，久而久之，诚信就变成了你的自觉行为。实际上，人人诚信的社会正是共同富裕的前提条件。

安全性来自财富的保值增值，来自财富的传承安排。 金融可以助力财富的保值增值，应当说没有歧义。但是，金融对财富传承的使命与机遇，还是一个非常受关注的新话题。笔者同意这样的说法，财富的传承不只是个人的行为，也事关社会和国家。有序平稳传承，既可以带来经济运行的持续安全，也可以保护几代人的积极性。传承和捐赠是一对"孪生姐妹"，有了好的传承安排，人们会更愿意捐赠。最近三次分配成为人们的热点话题。历次灾害发生的时候，都是对我国慈善事业的考验，无法否认，中国慈善事业的公信力直到这次疫情后仍然在不断完善过程中。而共同富裕需要公信力强、专业水平高的承担这一信托职能的机构。从全球普遍做法来看，商业银行似乎是最适合的。与其他机构相比，中国商业银行特别是四大国有银行和全国性股份制银行现有的组织架构、风险管理和内部控制能力都比较强，并且网络分布广、人员配置能力强、服务体系丰富等条件均占优势，尤其是银行的公信力强。如果承担该信托责任，不但可以严格按照慈善捐款人或机构及慈善机构信托约定，确保善款到位，而且，还可以为有关善款的长期保值增值提供"投资管理"服务。同时，财富的传承也需要依托公信力强、专业水平高的金融机构。

安全性来自金融能够提升人们的风险管理意识，增强人们风险管理的能力。 安全感是共同富裕的前提。拥有了财富的国人，并非就完成了共同富裕。金融向善的理念，金融各种产品与服务的安排可以带给人们持久的安全感。在金融的诸多属性中，风险管理是最本质的。不同门类的金融，管理经济活动中的不同风险。进行投融资、买卖股票以及选择保险等众多金融产品时，其中的风险管理之道会潜移默化地传递给客户，逐步形成和提升国人的风险管理意识和能力，如商业养老险等寿险产品就是为管理人生风险而设的，它可以使人们在力所能及时为自己的老年做好准备，通过专业的投资，通过福利积累一定的资金，等到老年的时候医疗费充足、养老费充足，从而保证自己的幸福生活。共同富裕提倡的是一种以丰养欠、勤俭持家、有准备和理性的人生。现实中，当人们对风险有所认知，并把风险分解在日常事务的管理中，就会产生一种安全感。**说到底，金融安全是最重要的。在服务共同富裕的过程中，金融业也一定会警钟长鸣，不断提升自身风险管理水平，真正做到坚持底线思维，遵循市场化法治化原则，统筹做好重大金融风险的防范和化解。**

建设共同富裕示范区，浙江的创新性突破性举措

贲圣林

治国之道，富民为始。共同富裕是社会主义的本质要求，是中国式现代化的重要特征，是人民群众的共同期盼，也是人类社会的长期性世界性难题。由于我国发展不平衡、不充分的问题仍然突出，各地区推动共同富裕的基础和条件不尽相同，促进全体人民共同富裕是一项长期艰巨的任务，因此有必要选取部分地区先行先试、做出示范。通过高质量建设共同富裕示范区，进一步丰富共同富裕的思想内涵，探索破解新时代我国社会主要矛盾的路径，为在全国推动共同富裕提供可供参考的省域范例，打造新时代全面展示中国特色社会主义制度优越性的重要窗口。

建党百年之际，以习近平同志为核心的党中央赋予浙江省建设共同富裕示范区的光荣使命，为新发展阶段浙江的高质量发展、竞争力提升

作者系浙江大学金融科技研究院院长。

和现代化先行注入了强劲动力。浙江省凭借开展共同富裕示范区建设的基础和优势,在探索解决发展不平衡不充分问题方面取得了明显成效,具有广阔的优化空间和发展潜力。

随着《关于金融支持浙江高质量发展建设共同富裕示范区的意见》发布,浙江继续奋力扛起探路者责任,率先在金融创新助力共同富裕示范区建设领域开拓垂范,通过金融理念创新、机制创新、产品创新、技术创新、监管创新,不断取得突破性进展、打造标志性成果、创造普遍性经验,为在全国推广金融创新助力共同富裕建设提供了浙江经验。

一、金融创新与共同富裕逻辑上的一致性

从《礼记·礼运》中的"大道之行也,天下为公",到陶渊明《桃花源记》中憧憬的"世外桃源",共同富裕不仅是中华民族始终保有的美好期盼,更是我国经济发展水平达到一定程度后整个社会对效率与公平问题的反思及行动。党的十九大报告指出,现阶段我国社会的主要矛盾已转化为人民日益增长的美好生活需要和不平衡不充分发展之间的矛盾。这种发展不平衡不充分问题突出表现在地区差距、城乡差距、收入差距。在"一部分地区、一部分人先富起来"的阶段性目标已经实现后,共同富裕就是要解决这种不平衡不充分问题,以"带动和帮助后富,逐步达到共同富裕"。

当然,**共同富裕不是平均富裕,也不是同步富裕,不能仅仅靠对存量财富的均贫富实现,而是要做大蛋糕,夯实共同富裕的物质基础,创造出更多社会财富,通过合理分配缩小收入差距**。马克思在《哥达纲领批判》中指出,"消费资料的任何一种分配,都不过是生产条件本身分配

的结果;而生产条件的分配,则表现生产方式本身的性质"。换言之,能够生产出更多的社会财富是进行财富分配的先决条件。正如亚当·斯密在《国富论》中指出,"使劳动工资增高的,不是庞大的现有国民财富,而是不断增加的国民财富"。由此可见,实现共同富裕离不开高质量的经济发展。

经济发展离不开生产要素的投入,因此高质量经济发展的重要前提就是要持续不断地优化要素配置、提升要素水平。 作为现代经济的核心和血脉,金融已成为各种资源配置的重要手段,能够有效分配生产要素,而金融创新则能够提升生产要素水平、提供高质量发展的内生动力,从这个角度,我们构建了金融创新与共同富裕之间内在逻辑关系的一致。

二、共同富裕是中国特色金融创新的应有之义

传统上有关金融创新的定义,大多是根据美籍奥地利著名经济学家熊彼特(Joseph Alois Schumpeter)的观点衍生而来的。 熊彼特于1912年在其成名作《经济发展理论》(Theory of Economic Development)中提出,创新是指新的生产函数的建立,也就是企业家对企业要素实行新的组合。由此理论出发,从内涵的角度看,金融创新是指经济主体为适应实体经济的发展要求和为了追求利润机会而进行的新生产函数的创新活动,是各种金融要素的重新组合;从外延的角度看,金融创新泛指金融体系和金融市场上出现的一系列新事物,包括新的金融工具、新的融资方式、新的金融市场、新的金融组织机构与管理机制等。整体而言,金融创新作为推动金融发展的一种主要力量,通过对金融要素进行新的组合,从而实现金融上层建筑量的扩张和质的提高。

对于金融创新活动的主流理论解释，包括西尔伯的约束诱导理论、凯恩的规避管制理论、制度学派的制度变革理论、希克斯和尼汉斯的交易成本理论和技术推进理论等。无论何种理论，一般都认为金融创新是主体在逐利避害本性下的一种行为。这种由"逐利性"所驱动的金融创新，往往也是导致金融"脱实向虚"、产生金融泡沫甚至诱发金融危机的重要原因。与西方传统的基于"逐利驱动"的金融创新理念有所不同，我国的金融创新以服务实体、金融为民、金融向善为总体要求，体现出鲜明的中国特色社会主义制度优越性。从这点而言，我国的金融创新助力共同富裕也成为题中应有之义。

三、共同富裕示范区建设离不开金融创新

共同富裕示范区建设，以改革创新、实现高质量发展为根本动力，以解决地区差距、城乡差距、收入差距为主攻方向，以完善社会保障、促进人与自然和谐共生为目标，以防范化解重大风险、不发生系统性风险为底线，各方面建设都离不开金融创新的助力。

一是构建经济新发展格局、实现高质量发展需要金融创新。 实现经济高质量发展的关键是通过科技创新实现资源配置重整提高全要素生产率。一般来说，科技创新意味着大量生产要素的投入，存在短期的规模不经济[①]。此外，初创型科技企业往往是轻资产企业，既缺乏传统授信所需的抵质押品，也存在研发或创业失败的风险，传统的金融手段难以满足其融资需求，因此需要探索新型金融工具和金融手段，以金融创新

---

① 规模不经济是指生产规模扩大时，长期平均成本递增。

支持科技创新，为科创企业的发展注入资源活水，服务经济高质量发展的重点领域，为共同富裕奠定坚实的物质基础。

二是解决城乡差距、地区差距、收入差距需要金融创新。《中共中央关于党的百年奋斗重大成就和历史经验的决议》明确提出，要"努力建设体现效率、促进公平的收入分配体系，调节过高收入，取缔非法收入，增加低收入者收入，稳步扩大中等收入群体，推动形成橄榄型分配格局，居民收入增长与经济增长基本同步，农村居民收入增速快于城镇居民"。具体到金融领域，就是要通过金融创新，充分发挥金融在初次、再次、三次分配中的调节机制，充分发挥市场效率的同时实现相对公平，引导金融服务向善。通过创新提升金融资源的可获得性，大力发展普惠金融，尤其是加大对农村居民、城镇低收入人群、残障人士和老年人等特殊群体的金融创新服务力度，满足他们的金融需求。

三是推进经济社会发展全面绿色转型、完善社会保障体系需要金融创新。绿水青山就是金山银山的转化通道需要持续拓宽、生态系统生产总值（GEP）的核算应用体系需要探索完善、绿色金融双碳金融的高标准方案需要制定优化、多层次多支柱的养老体系需要不断健全、分层分类的保险保障体系需要统筹加强，等等，这些都离不开金融产品和服务体系与时俱进、不断创新。通过金融创新推动绿色低碳发展，助力建设简约适度、文明健康的生活方式；充分利用大数据、人工智能等关键技术，拓展金融服务的时间和空间，提高金融服务的便利化水平，增强全社会的保险保障服务能力，提升人民群众的获得感。

四是防范化解重大金融风险需要金融创新。建设共同富裕示范区需要遵照经济社会发展规律循序渐进，量力而行，久久为功，因此要特别注重防范化解重大风险，牢牢守住不发生系统性风险的底线。在稳妥推进金融开放创新的同时，探索金融监管创新、风险防控体系创新、地方政府金融工作议事协调机制创新，利用数字技术、通信技术完善覆盖金融领域各方面的风险监测防控系统，通过金融创新推动建立整体智治、高效协同的现代金融治理体系。

四、金融创新助力共同富裕示范区建设的"浙江答卷"

2021年5月20日，中共中央、国务院印发《关于支持浙江高质量发展建设共同富裕示范区的意见》，启动共同富裕示范区建设，浙江省迅速制定《浙江高质量发展建设共同富裕示范区实施方案（2021–2025年）》。2021年以来，浙江初步构建了共同富裕示范区建设的目标体系、工作体系、政策体系、评价体系，以数字化改革为总抓手，围绕打造"数智金融先行省"的目标，积极探索金融创新助力共同富裕示范区建设有益实践，着力缩小地区、城乡、收入三大差距，努力提升人民群众的生活品质，交出了一份金融创新助力共同富裕示范区建设的"浙江答卷"。

（一）理念创新谋发展

1. 以"八八战略"指导金融理念创新

理念引领实践。为确保金融创新能够有效助力我国共同富裕建设，首要的是发展具有中国特色、符合浙江共同富裕示范区建设实际的金融理念创新。浙江省以习近平新时代中国特色社会主义思想为指导，深入贯彻党的十九大和十九届二中、三中、四中、五中全会精神，全面贯彻落实习近平总书记关于浙江工作的重要指示批示精神，特别是创造性地贯彻了"八八战略"，并以此指导形成金融创新助力共同富裕示范区的理念。

肆〇共同富裕示范区的探索

建设共同富裕示范区，浙江的创新性突破性举措

浙江之所以具备开展高质量发展建设共同富裕示范区的基础和优势，离不开"八八战略"的擘画。浙江深入实施"八八战略"的实践历程，就是加快推进共同富裕的奋斗历程，也是浙江率先突破发展不平衡不充分问题、实现共同富裕的基础所在、优势所在、信心所在。"八八战略"蕴含着共同富裕的鲜明价值取向，即坚持以人民为中心的价值观，一切发展必须从实际出发的实践观，把握优势、补齐短板的辩证观，全面协调可持续发展的发展观，以及功成不必在我、立足长远谋发展的政绩观和干在实处、勇立潮头的使命观。以此作指导，金融理念创新就要形成服务实体经济的实践观、为民向善的价值观、防范风险可持续发展的发展观，主要体现为"金融创新服务实体、金融创新为民、金融创新向善、金融创新防范系统性金融风险"四个方面，指引金融创新助力共同富裕示范区建设的各项工作。

2. 以数字化改革作为推进金融创新的总抓手

金融创新内涵丰富、外延多元，如何将金融创新与共同富裕有效结合，引领示范区建设实践，浙江省找准了"数字化引领金融改革"这个总抓手。《浙江省金融业发展"十四五"规划》明确提出"数字化改革引领数智金融先行省建设，搭建富有浙江特色的数智金融平台"的创新目标。以此理念做指引，浙江通过建设科创金融、绿色金融、普惠金融、开放金融等金融发展特色带，积极推动金融与产业、企业、公共数据集成，推进数字化金融、企业信用信息、金融综合服务等平台迭代完善，助力共同富裕示范区建设。

（二）机制创新提能效

1. 创新区域金融机制改革

一是创新绿色金融机制。浙江率先推进绿色金融改革创新试验区建

设，通过优化绿色金融资源配置，增强风险管理和市场定价功能，完善绿色金融产品服务、标准规范和激励约束机制，制定出台了绿色金融促进条例，推进金融创新支持零碳园区、零碳建筑等建设，率先开展金融服务农业碳减排和企业碳账户、个人碳账户，探索金融创新助力共同富裕示范区绿色发展的路径。

二是创新普惠金融机制。浙江通过建设普惠金融改革试验区，率先构建普惠金融信用信息体系，打造优质便捷安全的金融服务模式。同时将普惠金融与深化农村金融改革相结合，探索生态产品价值创新实现机制，深化金融要素集成、制度变革、服务创新，助力全国普惠金融服务乡村振兴改革试验区建设。

三是创新服务实体机制。在金融服务民营经济方面，总结推广民间资本进入金融领域、金融支持民营企业的实践经验；在保险供给侧结构性改革方面，持续深化保险创新综合试验区改革，推进保险集成创新、科技发展和要素集聚，推广保险服务社会治理现代化等经验；在拓展国际贸易金融专项改革机制方面，积极推广义乌等地的金融创新支持国际贸易发展经验。

2.探索农村信用体系机制改革

一是积极探索农村信用社改革路径。省级农信联社的角色和定位一直是决策部门和学术界关注的问题。浙江发布的《钱塘江金融港湾发展实施计划（2021–2025）》提出，推动将浙江省农信联社改制为浙江农村商业联合银行，成为一家具有独立企业法人资格的地方性银行业金融机构，这是获得国务院批准同意的全国深化农信社改革"第一单"，为我国农信体系机制创新提供了可贵的浙江方案。

二是在建设"数字浙江"的背景下，加快农信系统数字化转型。利用数字技术完善农村征信体系建设，以数字平台连接金融服务供需双方，降低传统农信机构深入村镇社区的服务成本，绘制特色产业版"数字富春山居图"，为乡村振兴赋予充满活力的数字金融动能。

3.优化科创金融服务机制改革

科技创新是实现经济高质量发展的关键推动力量，科创企业的壮大和发展能够为实现共同富裕提供重要物质基础。但同时科创企业普遍具有风险高、轻资产、前期投入大、盈利周期长等特点，使得传统融资体系往往难以满足其融资需求。 浙江在打造"互联网+"、生命健康、新材料三大科创产业新高地的同时，探索形成了与科创企业特点相适应的多层次专业化金融服务体系，努力建设国内现代科创金融体系实践窗口和金融服务科技创新发展示范基地。间接融资层面，鼓励银行与外部投资机构或理财子公司合作协同，进一步深化知识产权质押，为科创企业提供持续资金支持；直接融资层面，健全资本市场服务高质量发展机制，精准引导本地科创企业对接省外多层次资本市场，开展浙江省股权交易中心制度和业务创新试点工作，以规范培育高质量科技型中小企业为定位，从源头提高上市公司质量。此外，浙江积极探索科技保险机制，提升科技保险覆盖面，通过首台（套）重大装备等保险补偿机制、知识产权保险创新机制等，为科创企业健康发展注入金融血液。

【案例】

浙江大力开展科创金融服务体系创新建设并取得积极成效。一是鼓励设立专业化的科技支行。 例如，杭州银行科技支行针对科创企业推出的"政采贷"产品，较传统授信方式下的额度更高，并能根据不同类型科技型企业初创期的不同需求，针对性地开发订单贷、知识产权质押贷、选择权贷、科保贷、履约保函等创新型科技金融产品。截至2021年12月，杭州银行科技支行累计服务科技企业1145家，向科创企业发放贷款320亿元。**二是创新推广科技保险增信机制**。2022年初，浙江省金融监督管理局牵头组织当地金融机构，首创推出"科技创新保险＋增信服务"新模式，配套"浙科贷"专属金融服务项目，加大对承担科技项目企业或科研机构的金融服务支持力度。

（三）产品创新增动能

1. 深化小微企业金融服务，创新小微融资产品

利用金融创新手段扶持小微企业发展，对于建设共同富裕示范区具有重要意义，主要体现在：促进中小微企业专精特新发展，有利于培育更加活跃的市场主体，提升创新能力和专业化水平，塑造产业竞争新优势，巩固壮大实体经济根基，夯实共同富裕的产业基础。小微企业的融资难贵问题已得到国内各界普遍关注，相关理论较为成熟，实践中也取得丰富成果，在此不做赘述，着重介绍台州在金融创新助力小微企业融资的实践中所探索形成的"台州模式"。

台州市通过深化数字化改革建立了"一基金两平台"，助力小微企业解决融资难贵问题。其中，"一基金"是指台州市建立了小微企业信用保证基金，针对政府重点支持的行业与项目，创新推出了包括"500精英企业""创业贷款"等众多免费或低费（基金年担保费率最高不超过0.75%）的专项担保产品，有效解决了小微企业融资贵的问题。"两平台"即金融服务信用信息共享平台和商标专用权质押融资平台，针对小微授信中普遍存在的银企信息不对称和抵押物不足的情况，缓解了小微企业融资难的问题。

【案例】

台州市金融办联合人民银行台州中心支行，首创金融服务信用信息

共享平台，建设企业信贷大数据和数字化征信体系，破解银企信息不对称问题，大大降低银行机构的贷前调查成本，提升金融机构服务效率和精准度。2022年1月，平台覆盖市场监管、税务、法院等30个部门118大类的信用信息，覆盖台州市全量市场主体。通过数字化转型，企业贷前调查成本从户均20小时的400元降低至几乎为零，被称为小微征信服务的"台州模式"。

此外，台州在全国率先开展知识产权质押融资改革试点，深入探索知识产权融资综合创新，围绕"政府+银行+企业"三大主体，打通信息不对称、产权价值低、客户体验差、续航动力弱等四方面堵点，有效缓解了民营企业融资难、融资贵等问题，为经济高质量发展注入了创新活力。2021年，全市共办理知识产权质押登记1101件，质押金额284亿元，其中专利质押登记金额151.1亿元，居全国第一；商标质押登记544件，办件量连续6年均居全国首位。台州模式支持了小微企业提质升级，为共同富裕示范区建设提供了发展后劲。

2.加大乡村振兴力度，创新普惠涉农金融产品

实现城乡一体化发展对于建设共同富裕示范区有重要意义。通过金融创新助力浙江创建高质量乡村振兴示范省，有利于推动新型城镇化与乡村振兴全面对接，深入探索破解城乡二元结构、缩小城乡差距、健全城乡融合发展的体制机制。我国农村地区长期陷入"金融排斥"的困境，农村金融已成为我国金融体系中最薄弱的环节。为有效减缓农村贫困，2003年以来，我国开始稳步推进农村普惠金融改革和创新，2016年杭州G20峰会上提出的《G20数字普惠金融高级原则》《G20普惠金融指标体系》，成为国际携手共创普惠金融发展的典范。

浙江在共同富裕示范区建设中，着力深化农户小额普惠贷款工作，

积极拓展移动支付、互联网贷款、互联网保险、互联网理财等数字普惠金融服务，规范有序发展消费金融，通过发展农业供应链金融、强化利益联结等方式，依托核心企业提高小农户和新型农业经营主体的融资可得性。当地银行结合客户生产经营活动周期、担保条件等实际情况，开发适合粮食等重要农产品生产的信贷产品，涌现出了诸如丽水"GEP生态价值贷""两山贷""生态贷"、宁波"渔民贷""民宿贷"等具有特色的创新型普惠涉农信贷产品，有力支持了普惠金融服务乡村振兴。

【案例】

丽水在全国地级市中率先实现行政村信用评级全覆盖，自主研发农户信用信息数据库，将全市农户信用信息纳入其中，并从林权抵押贷款等金融创新切入，陆续推出"GEP生态价值贷""两山贷""生态贷"等创新型贷款模式。截至2021年末，丽水累计三权抵押贷款余额140.59亿元，其中林权抵押贷款余额69.59亿元，土地流转经营权抵押贷款余额11.15亿元，农房抵押贷款余额59.85亿元。

宁波将"金融支农"作为工作重点，按照"信息共享、授信无感、覆盖全面、政策支持"的要求，全面推进农业经营主体授信能授尽授、应授尽授，已基本完成农业经营主体无感授信全覆盖。推广"渔民贷""民宿贷"等新型信贷支农产品和农地、林权、海域使用权等抵质押贷款，推广"村民集团授信""道德银行"等模式。截至2021年末，全市涉农贷款余额7469.01亿元，全年新增925.71亿元，同比增长14.2%。

乐清深耕普惠金融，推进农户小贷授信的数字化全覆盖。截至2021年12月，在人民银行指导下，乐青深入推进农村信用体系建设及成果应用，累计创建信用村519个，发放30万元以下信用贷款9.8万户，共计134亿元。乐清农商银行创新推出"农业龙头企业＋专业合作社＋家庭农场"的金融服务模式，服务产业链上下游客户，累计建立茶叶、石斛、农副产品等产业链22条，累计授信10亿元，覆盖农户近5500户。与人行、农业局、财政局联合创新推出"财政贴息+风险补偿+低息贷款"的低收入农户金融帮扶机制，将财政扶贫资金由直补转变为贷款贴息。同时通过"数字效应"推动普惠全面提速。积极响应浙江省"最多跑一次"改革，推进农户小额普惠贷款的数字化转型。

温州全面推广创新农民资产授托代管融资业务，首创将农民的生产、生活、经营等经济权益以资产授托的方式，授托给银行，突破银行"无抵押不贷、无担保保证不贷"的信贷文化，实现农村资产从"确权"到"确值"转变。截至2021年12月，温州市农信担保公司在保额近3.5亿元，降低农民融资成本近50%。通过农民资产授托代管融资、农业特色产业贷款等金融服务，年度提供涉农低利率贷款超过200亿元。

3.助力帮扶低收入群体，创新金融向善产品

提升低收入群体的增收能力和社会福利水平、形成以中等收入群体为主体的橄榄型社会结构，是建设共同富裕示范区的主要发展目标。《浙江省"扩中""提低"行动方案》提出，推动浙江率先基本形成以中等收入群体为主体的橄榄型社会结构，到2025年，浙江家庭年可支配收入10万元至50万元群体比例要达到80%，20万元至60万元群体比例要达到45%。为此，浙江推动实施金融帮扶山区26县工作举措，通过政策性、开发性金融机构"共同富裕"等专项融资对接，助力低收入地区跨越式发展，同时通过完善政保合作机制，发展巨灾保险、长期护理保险、专属商业养老保险，为低收入群体提供更加完善的保险保障服务。

秉持"金融创新为民、向善"的理念，为帮扶更多低收入群体迈入中等收入群体行列，既要发挥金融创新在初次分配环节中配置资源要素

的作用，通过资本要素使用权、收益权等途径增加中低收入群体的要素收入，把蛋糕做大，也要重视发挥金融创新在再次分配和三次分配环节中能够更加公平、公益地调节资源分配的作用，为低收入群体提供更加丰富友好的福利资源和更为充分有效的社会救助保障体系，把蛋糕分好。其中，**慈善信托作为重要的财产转配置和财产管理制度，在拓宽居民收入渠道、持续推进三次分配、提升社会治理水平等方面可有所作为。**

【案例】

浙江是民营经济大省，2021年全省有96家企业上榜中国民营企业500强，连续23年蝉联第一，高净值人群数量全国排名前五。鼓励引导民营企业和高收入群体、企业家向上向善，浙江具有得天独厚的优势。海外的慈善实践显示，慈善信托因其设立灵活、管理规范、信息透明、精准帮扶等优势，在提升慈善捐赠总量、优化捐赠资产结构、强化资金运作效率、聚焦细分帮扶领域等方面发挥重要作用，已成为引导企业和富裕家庭投身慈善事业的主要途径。浙江积极借鉴国际慈善信托的成功经验，以慈善信托为抓手鼓励民营企业参与第三次分配，引导民营企业和富裕家庭聚力打造"善行浙江"，推进收入分配制度改革先行示范，助力共同富裕示范区建设。

4. 推动生态文明建设，创新"绿色金融""双碳金融"产品

开展生态文明试验区建设、绘好新时代"富春山居图"，是浙江践行"绿水青山就是金山银山"理念、加强精神文明建设、实现共同富裕的重要内涵。在金融创新领域，浙江省积极深化绿色金融改革，强化双碳金融支持，一方面推动银行保险机构探索开展气候风险评估，引导和促进更多资金投向应对气候变化领域的投融资活动；另一方面探索建立多层次的资本市场支持体系，通过推进上市公司环境、社会和治理（ESG）

信息披露，发行绿色债券，探索绿色资产证券化等创新业务模式，引导金融机构创新符合工业绿色发展需求的金融产品和服务。

【案例】

湖州首创"绿贷通"银企对接服务平台，全市金融机构通过"绿贷通"平台可直接共享环保、节能等绿色信息，对企业进行绿色认定和环境风险审查。 除此之外，湖州市还建立了绿色金融部和绿色专营支行等绿色金融组织体系，2019年，湖州银行正式成为境内第三家"赤道银行"。截至2021年末，湖州市绿色贷款余额达到1615亿元，同比增长49.46%，年均增长44.6%。

（四）科技创新夯基础

1. 建设乡村"数字高速"，赋能涉农金融创新

数字乡村建设是实现乡村振兴和共同富裕的重要内容，浙江在共同富裕示范区建设中，充分发挥数字经济这一优势，推进数字浙江建设向乡村深度延伸，全面建设数字乡村。 浙江以现有16个"三农"新型基础设施试点县项目为抓手，加快乡村宽带、5G基站建设进度，推进生活基础设施数字化改造，推动实现全省信息基础城乡一体化，赋能农村金融发展。根据我国农业农村部发布的《2020全国县域数字农业农村发展水平评价报告》，浙江省在数字农业农村发展中排名全国第一。

【案例】

浙江网商银行运用卫星遥感和人工智能图像识别技术为种植大户提供智能化金融服务，通过识别农作物品类、种植面积、长势情况，及时了解农户贷款需求，实现授信动态管理。 同时，网商银行基于大数据风控技术，构建特色种植品类（果蔬茶等）行业风控模型，实现对农户的精准

授信，提升"三农"用户融资效率。截至2021年末，浙江网商银行卫星遥感技术"大山雀"项目已累计服务超60万种植大户，卫星遥感识别技术除覆盖全部主粮作物外，苹果、猕猴桃等经济林作物也纳入识别范围。

2. 强化数字基建，延伸金融服务触角

一方面，浙江省进一步加强全省共同富裕6大领域、28个试点的数字基础设施建设，特别是缩小地区差距、城乡差距、收入差距，延伸公共服务优质共享，提升全体居民的金融服务获得感。**另一方面**，加快搭建富有浙江特色的数智金融平台，探索构建"金融大脑"，推动政务数据、社会数据、商业数据与金融数据的跨部门开放共享和跨区域高效互联，加快省市县三级金融服务平台纵向贯通，有力破除数据孤岛，全面提升金融数据的覆盖度、可得性和可用性。

【案例】

浙江农信利用数字技术，推出可线上办理、自主操作、系统自动评级的智能化业务服务，支持贷款业务全流程的线上办理，让客户"一次都不跑"，大幅提升了边远山区、海岛百姓的金融体验。浙江社保金融云服务则为偏远地区居民提供医疗金融一体化服务，提供查缴社保、提取公积金、交通违法处理等百项便民利民金融服务。基于"人脸识别"技术，退休人员通过"刷脸"就能领取退休金，让高龄客户和生活不便、异地居住的特殊人群享受到更人性化的金融服务和体验。

（五）监管创新控风险

1. 建立健全金融创新风险防控体系

金融创新必须在确保有效监管和风险可控的前提下稳妥有序推进，牢牢守住不发生系统性风险这个底线。浙江在推进金融供给侧结构性改革、实施融资畅通工程、建设新兴金融中心的同时，特别注重防范化解重大金融风险，通过建设金融风险"天罗地网"监测防控系统，统筹整合全省互联网大数据、基层网格化排查信息及相关管理部门信息渠道，将省内持牌金融机构、地方政府及相关部门审批并监管的类金融机构，以及其他从事金融活动的各类市场主体全部纳入监防系统中，有效维护了投资者合法权益。

【案例】

在浙江省地方金融监管局发布的《省地方金融监管局2021年度法治政府建设工作情况和2022年工作打算》中，将"天罗地网"监测防控系统同"浙里金融综合服务"等数智金融平台置于同一地位，作为提升治理效率的重点引领性数字化改革项目，致力于提升事中监管效能，及时发现潜在风险并预警风险机构，做到早发现、早处置。

"天罗地网"监测防控系统由"天罗"和"地网"两个子系统构成。"天罗"指依托互联网大数据技术平台，接入各类金融监测数据信息，通过大数据、人工智能、区块链等技术，形成金融风险实时线上监测体系。"地网"指依托基层社会治理网格化管理平台，接入网格排查信息和相关管理部门监管数据信息，形成金融风险排查与日常监管相结合的线下监测体系。通过这一监测防控系统，持续防范化解企业债务风险，有序处置私募投资基金等风险点，严厉打击非法集资等非法金融活动，坚决防止资本无序扩张，为浙江省的金融活动提供公开、健康的环境。

2.助力社会治理、加强金融消费者权益保护

浙江在以数字化改革提升整体社会治理效能的同时，强化数字赋能，利用科技手段防范和打击非法集资等各类非法金融活动，积极推动将大数据、生物识别等技术应用于开户、交易环节的身份核验和身份认证。

中国人民银行杭州中心支行通过监管沙箱，以科技手段创新风险防控，加强金融消费权益保护，引导投资者树立正确理性观念，提高防范风险能力，维护人民群众财产安全。针对金融科技广泛应用带来的各种伦理问题，浙江数字金融科技联合会于2021年3月成立金融科技伦理委员会，组建"浙江金融领域科技伦理专家团"，建立"金融领域科技伦理企业黑白名单"及"不伦理行为负面清单"，强化金融科技伦理的理论与实践基础。

【案例】

在微观行为监管与消费者保护层面，浙江省积极利用监管沙箱机制，创新设计一系列新型金融产品，保障金融活动有序正常展开。 例如，通过运用基于知识图谱的预警模型，杭州海康威视数字技术股份有限公司与中国农业银行浙江分行共同开发风控产品，实现对金融欺诈风险账户的识别功能，对近期电信欺诈风险较高的账户进行灰名单监控，为用户转账行为增加保障。

此外，杭州银行独立研发的基于可信身份认证的智能银行服务，涵盖网点自助机具和手机银行APP两大渠道，运用活体检测、图像识别、区块链存证技术等，创新构建多层次身份核验体系及收单巡检自查、数据回溯等转账流程关键环节，主要用于风险交易拦截后客户身份核验、法人远程视频身份核验、收单商户远程核验等服务，保障消费者安全获得银行金融服务。

五、金融创新助力共同富裕示范区建设的浙江经验与推广建议

2021年是浙江共同富裕示范区建设的开局之年。在探索金融创新助

力示范区建设中，浙江边学、边谋、边干，扎实起步，形成了具有可复制推广意义的浙江经验。

（一）金融创新助力共同富裕示范区建设的浙江特色

一是紧握数字化改革总抓手，以"数智金融先行省"助力"共同富裕示范区"建设。浙江深入学习贯彻习近平总书记关于全面深化改革和数字中国的重要论述精神，引领改革风气之先，将数字化改革与共同富裕示范区建设两个重大任务整体贯通。在实现整体智治的基础上，开拓探索"数智金融先行省"建设，通过搭建富有浙江特色的数智金融平台、加快杭州国际金融科技中心建设、深化移动支付之省建设、构建金融服务多跨场景应用等数字化金融改革，有力推动了共同富裕示范区建设。

二是凸显金融创新服务实体经济。在金融创新服务高质量发展方面，强调金融供给侧精准发力支持原始创新、技术创新和产业创新；在金融创新服务小微企业方面，通过深化小微企业金融服务改革创新试验区建设，打造了专注实体、深耕小微、精准供给、稳健运行的金融服务模式；在金融创新服务普惠方面，持续推进普惠金融改革试验区建设，率先构建了普惠金融信用信息体系，提供优质便捷安全的民生金融服务模式；在金融创新服务"三农"方面，深化农村金融改革，积极创新生态产品价值实现机制，通过金融要素集成、制度变革、服务创新，金融服务乡村振兴卓有成效。

三是确保金融创新安全稳定。金融创新是把"双刃剑"，为防止"概念化、泡沫化"金融创新可能带来的系统性风险，浙江深入实施各项举措防范化解重大金融风险，出台了《浙江省地方金融条例》，搭建了"天罗地网"金融风险监测防控系统，金融风险总体趋于收敛，抗风险韧性明显增强,营造了诚实守信的金融生态环境,维护了良好的金融秩序,连续多年受到国务院通报表扬。

应该看到,浙江在金融创新服务示范区建设方面仍存在短板和优化空间,包括金融供给结构与经济多元化需求还不够匹配,直接融资占比依然偏低;地方法人金融机构资本实力和竞争力还不够强,金融市场服务平台建设有待进一步优化;区域金融治理体系还不够完善,需要持续关注金融创新带来的风险,特别是金融科技风险等重要课题。

(二)推广共同富裕示范区浙江经验的建议

浙江在金融创新助力共同富裕示范区建设中所取得的经验,既有其基于省情特色的特殊性,也有可供向全国推广借鉴的共性。在继续加强金融创新体系党的领导、构建金融创新助力共同富裕评价体系等总体原则指导下,推广"浙江样板"有如下借鉴意义。

一是要充分发挥金融创新服务农村金融的作用。在我国现阶段,建设共同富裕最艰巨最繁重的任务仍然在农村。金融创新助力乡村振兴,尤其是要加快乡村数字基础设施建设,推动农业生产数字化转型,建立完善农村信用体系,加大普惠金融对涉农产业的扶持力度,积极发展智慧农业、智慧乡村旅游等乡村数字经济新业态,提升乡村经济效率,逐步缩小城乡差距,最终助力农村地区实现共同富裕。

二是通过数字经济发展推动的金融创新,要更加注重金融向善、维护公平竞争。加强政策引导和监管治理、着力营造公平竞争的市场环境,是数字金融规范健康发展的重要前提,也是扎实推动共同富裕的有力保障。要抓紧建立健全金融科技伦理监管框架和制度规范,用"负责任"的科技创新打造"有温度"的金融服务,切实维护消费者合法权益、服务实体经济。

三是因地制宜发挥金融创新在收入分配中的作用。利用金融在资源配置中的特殊功能，着力探索"扩中""提低"有效路径，充分发挥金融创新在调节收入分配、促进社会公平方面的作用，提升低收入群体和中等收入群体的金融服务质效。探索完善慈善信托及其配套制度，发挥其载体作用，引导整合社会各方力量积极参与第三次分配，在高质量发展中实现"做大蛋糕"和"分好蛋糕"的协同，为向国内其他地区分梯次推广应用做出示范。

四是提升金融创新支持生态文明建设的能力。建设共同富裕示范区的过程中，要始终坚持"绿水青山就是金山银山"的理念，通过持续开展绿色金融改革创新，探索绿色金融支持碳达峰碳中和的方案，提升当地物质生活水平，全面推进生产生活方式绿色转型，实现经济发展与生态文明建设的互利共赢。

五是进一步开展金融创新助力共同富裕示范区建设的浙江经验研究工作。鼓励以浙江大学为代表的高校发挥在金融创新、数字金融科技领域的领先优势，以实践案例汇集、年度蓝皮书等形式总结浙江模式经验，加强交流，复制推广；强化、优化金融创新人才培养和培训，为推广共同富裕建设做好人才储备工作。

共同富裕下的小微金融服务模式创新
——泰隆银行的思考与实践

王 钧

一、浙江共同富裕示范区建设为小微金融带来新机遇

共同富裕是社会主义的本质要求,是中国式现代化的重要特征。在"十四五"开局、现代化新征程开启的历史性时刻,党中央作出扎实推动共同富裕的重大战略部署,支持浙江高质量发展建设共同富裕示范区。对浙江而言,这是重大光荣使命,是前所未有的重大机遇。服务实体经济是金融的天职,扎实推进共同富裕是新金融的使命。在浙江共同富裕示范区建设中,需要建立与之相适应的金融体制机制,小微金融迎来了新的发展机遇。

作者系浙江泰隆商业银行党委书记、董事长。

共同富裕下的小微金融服务模式创新——泰隆银行的思考与实践

小微企业是经济发展的生力军,是创业就业的主渠道,是企业家精神的发源地,基数大、活力强、成长快,铺天盖地、生机勃勃。目前,我国中小企业具有"五六七八九"的典型特征,贡献了50%以上的税收、60%以上的GDP、70%以上的技术创新、80%以上的就业岗位、90%以上的企业数量。值得注意的是,这还是在小微金融尚未充分发展、"草根型"小微企业的金融服务需求并未得到充分满足的情况下取得的。浙江市场经济活跃,民营经济发达,小微企业是浙江经济最具活力的组成部分。在浙江共同富裕示范区建设中,小微企业的重要性和作用性进一步凸显,在增强创新发展动力,缩小地区、城乡、收入差距,推动经济高质量发展等方面发挥独特作用。

与高度发达的民营小微经济相适应,浙江坚持有效市场与有为政府相结合,小微金融长期走在全国前列。近年来,浙江大力实施融资畅通工程升级版,深入推进普惠金融改革,构建金融服务共同富裕政策制度体系。2022年3月,中国人民银行、银保监会、证监会、国家外汇管理局和浙江省政府联合发布《关于金融支持浙江高质量发展建设共同富裕示范区的意见》,提出创新小微金融服务模式,实施中小微企业金融服务能力提升工程,为做好共同富裕下小微金融服务提供了指导方向。

二、泰隆银行小微金融服务的思考与做法

泰隆银行成立于1993年,诞生于国家级小微企业金融服务改革创新试验区——浙江省台州市。自成立以来,泰隆银行始终坚守服务小微市场定位,着力破解小微企业融资难题,探索形成了具有泰隆特色的小微金融服务模式。在服务小微过程中,泰隆银行认识到,**只有准确认知小**

微企业的基本特征和小微金融的难点痛点，才能明确战略定位、商业模式和风控体系，从根本上解决小微金融服务中"不愿贷、不能贷、不敢贷"问题。

（一）服务小微，不认知，很难坚持；不坚持，不可能成功

小微企业融资难，很大程度上在于长期以来银行对小微企业存在认知偏差，认为小微企业生命周期短、经营稳定性差、信用意识薄弱、违约概率高。数据显示，我国小微企业平均寿命在3年左右，成立3年后仍正常经营的小微企业约占1/3[①]。如果片面看待这组数据，确实很难提高银行服务小微企业的意愿。

从泰隆银行的实践看，情况并非仅仅如此。**首先，从经营主体看，**小微企业是个统称，它的组织形式有很多，包括公司、合伙、夫妻店、个体经营等。但即便采用公司这种组织形式，究其实质，很多仍是企业主经营的项目。企业倒了，项目还在；旧的项目死了，新的项目又开始了。泰隆银行针对6000多家小微企业开展的调查问卷发现，42%的客户有转换经营项目的经历，平均转换经营项目2.81次；客户累计经营年限平均为7.6年，超过5年的客户占比为52%，超过10年的客户占比为24%。目前泰隆银行的信贷客户中，合作3年以上的占比约50%，合作5年以上的客户占比约30%，合作10年以上的客户占比约10%。**其次，从经营情况看，**实践中，小微企业"船小好调头"，能够根据市场变化快速调整其经营策略。即使是经济下行，外部订单没了，很多企业也不会关停倒闭，而是暂时歇业、静观其变，一旦经济形势好转，很快又恢复生

[①] 引自人民银行研究局课题组：《小微企业融资的国际比较与中国经验》，《金融时报》2020年6月1日。

肆 ○ 共同富裕示范区的探索
共同富裕下的小微金融服务模式创新——泰隆银行的思考与实践

产。自2020年新冠肺炎疫情暴发以来，泰隆银行的小微贷款增幅连续两年保持在20%以上。旺盛的融资需求，从侧面证实小微企业经营的稳定性。**最后，从信用情况看，** 对小微企业主而言，企业或经营项目是其身家性命和衣食来源，大多数小微企业主坚持诚信为本，重信守诺、依法经营、专注主业、吃苦耐劳，具有很强的责任意识和信用意识。自2006年改制为银行以来，泰隆银行的不良贷款率保持在1.3%以下，一直低于全国银行业不良贷款率，2021年末泰隆银行不良贷款率0.93%，比全国银行业不良贷款率低0.8个百分点。

泰隆银行长期专注小微金融服务，始终把目标客户锁定在"信贷需求强烈但得不到很好关注和服务"的小微客户上，对小微企业给予充分信任和尊重，**建立"愿贷"长效机制，** 提高小微企业贷款可获得性。**一是确定科学的经营理念和发展战略**。遵循小微金融的内在发展规律，摒弃规模情结和速度情结，不怕小、不怕慢，不求大、不求快，求专、求精、求特色。同时，在坚持中深化、在深化中喜欢，保持战略定力，秉持工匠精神，做小微企业的成长伙伴。**二是优化资源配置**。响应监管部门号召，推动经营重心下沉，拓展个体工商户、家庭作坊、个人经营者等"底部客户"，500万元以下贷款余额占比89.76%、户数占比99.72%，100万元以下贷款余额占比47.45%、户数占比92.78%；推动机构和人员下沉，全行400多家网点，90%以上分布在农村和社区，一万多名员工，50%以上为营销人员。在提高人均产效产能的同时，泰隆银行持续加大对网点和人员等资源的投入力度，成本收入比长期高于40%，以自身的"重"实现小微金融服务的"优"。**三是采取针对性的绩效考核**。坚持市场化的绩效考核导向，兼顾规模、结构、比例、质量、效益等目标，构建与小微金融相匹配的绩效目标、考核维度、具体指标及评价标准，把小微客户增量扩面、提质增效、综合服务、合规管理等作为主要考核维度，引导全员坚守市场定位、优化业务结构、加强过程管理，防止唯规模、"垒大户"、行为短期化等倾向。**四是落实授信尽职免责**。实行"严格控制主观风险、尽职免除责任、适当风险容忍度"的责任认定原则，建立"权责对等、过罚相当、客观公正、风险中性"的尽职免责机制，在严控道德风险的前提下，做到能免则免、应免尽免，让一线信贷人员轻装上阵、充分释放生产力。2021年泰隆银行对小微企业不良贷款共开展责任认定4229笔，其中客观免责及免扣罚3510笔，免责率达83%。

（二）小微企业融资是难题，但不是死题

小微企业融资难，主要体现在信息对称难、抵押担保难、收益覆盖成本难。**首先**，与大中型企业相比，小微企业通常缺乏规范的财务报表，财务信息的透明度和真实性较弱，信息不对称问题突出。**其次**，小微企业以流动资产为主，缺少容易评估、变现、处置的有效资产，难以提供银行认可的抵质押物。**最后**，小微企业规模小、户数多、分布广、差异性大、抗风险能力弱，小微企业融资具有"服务成本高、风险成本高、户均回报低、人均产效低"的特征。**因此，小微企业融资是世界性难题，表现为小微企业的金融供给不足，融资需求得不到有效满足。**

穿透来看，小微企业融资难的成因是银行的传统信贷模式与小微企业的特征及需求不匹配。传统信贷模式下，银行依赖规范的企业财务报表实现信息对称，依赖抵质押物控制风险，而且信贷人员少、户均贷款高。泰隆银行坚持差异化、特色化发展，改变传统信贷模式，**建立"能贷、会贷"长效机制，形成了以社区化经营、广义的"三品三表"为主的商业模式。**

社区化经营。这是指以银行网点为中心，在一定服务半径范围内，按照机构、社区、人员"三匹配"要求，对目标市场进行统一规划，划定支行的"根据地"和客户经理的"责任田"，实行网格化管理，提供"定点、定人、定时"服务，通过标准化流程、系统性切入、针对性营销和相对批量化作业，实现信息对称、降成本、提效益、控风险、强体验、塑品牌等目标。

泰隆银行于2008年正式提出社区化经营，当时泰隆实施跨区域发展，从台州走向上海、杭州、苏州等长三角中心城市，面临新市场、新机构、新人员等挑战，作业方式杂乱无章，有的"天女散花"式地到处撒网，有的"散兵游勇"式地东打一枪、西打一炮，有的"挑肥拣瘦""舍近求远"……这样做，成本高、效率低、风险大、体验差。为此，泰隆银行在系统梳理和深入调研基础上，提出社区化经营，在限定作业范围内做深做透。

经过十多年的探索、完善，社区化已成为泰隆商业模式的核心，并提炼了社区化作业流程"五步法"，即"一选、二找、三进、四沉、五评"。"一选"是指筛选准入社区，充分开展社区调研，制定社区规划；"二找"是指找准社区开发切入点，搭建社区平台和渠道、打造关键人队伍；"三进"是指制订社区推进计划，统筹社区营销活动，开展相对批量作业；"四沉"是指沉入社区做深做透，深挖社区需求，提供综合服务；"五评"是指做好社区评价，加强过程管理，通过常态评估提升社区产效。通过社区化，打造以泰隆为中心的社区生态圈，让社区成为稳固的泰隆根据地。截至2021年末，泰隆银行共有1.32万个社区，85%以上客户来源于社区。

广义的"三品三表"。这是泰隆银行总结提炼的独创性的小微企业

信贷技术，即以人品、产品、物品等"三品"和水表、电表、海关报表等"三表"为主，开展信贷调查，多渠道、多维度获取小微企业软、硬信息，破解信息不对称。其中，人品包括孝道、责任、诚信、经营管理能力、学历、健康等要素，**人品"信不信得过"，直接决定借款人的还款意愿。**产品包括产品的品质和技术含量、区域市场、上下游客户、销售额等，**产品"卖不卖得出"，直接决定借款人的还款能力。**物品包括厂房、设备、库存等实物资产及商标、专利、商誉等无形资产，**物品"靠不靠得住"，决定客户的经营实力和可持续发展能力。**"三表"是交叉检验"三品"的主要渠道和手段，主要验证"三品"的真实性和准确性。从泰隆实践看，广义的"三品三表"能够准确评价小微企业的生产经营情况、财务信用状况和履约能力，是与小微企业实际情况相匹配的信用评价模式。

在信贷调查中，信贷人员按照信贷业务作业基本规定，严格执行"三查询、五核实"要求，查询并分析外部数据（征信、法院、工商、税务、反欺诈等）、黑名单（负面信息库）和客户账户（资金往来、交易对手、账户流水等），核实借款人的主体资格、经营状况、信用状况、资产负债状况和借款用途，形成高质量的信贷调查报告，从而了解客户的广义"三品三表"信息。

产品体系建设。小微企业融资需求旺盛，但缺乏有效的抵质押物，且具有"短、小、频、急"等典型特征，即期限短、额度小、频率高、时间急。泰隆银行一贯重视产品体系建设，建立符合小微企业融资需求的产品体系。**担保方式上，**大力发展信用保证类贷款，注重第一还款来源，减少对抵质押物的依赖，全行信用保证类贷款占比长期保持在90%左右。**还款方式上，**创新"融e贷"产品，该产品具有"长期授信、分段计息、随借随还、循环使用"等功能,由客户根据自身的生产周期、资金需求和投入产出自主决定融资安排,降低小微企业综合融资成本。**定价上**,实行市场化的利率定价机制,设立60多个利率档次,对每一位客户首先根据资质和贷款期限确定对应档次,再根据其他条件适配20多个优惠项,做到一户一价,一笔一价,一期一价。

信贷流程优化。在确保合规风控前提下,对信贷流程进行合并、同步、前移,一直坚守信贷服务承诺"三三制"原则[1]。充分下放贷款审批权限,缩短决策链条,及时响应客户需求,约80%的业务在支行层面完成审批,95%的业务在分行层面完成审批。简化信贷资料,坚持实质重于形式,做到简单、有效。

(三)探索特色风控体系,实现商业可持续

对银行来讲,服务小微企业,必须解决收益覆盖风险和商业可持续问题。做好小微金融,必须准确认知风险成因,跳出传统风控思维,多措并举、精准施策,建立以全面和管用为核心的风控体系。从泰隆实践看,小微贷款发生信用风险,70%~80%是由道德风险和操作风险引起的。泰隆银行的资产质量一直处于可承受范围内,**根本原因是建立了"敢贷"长效机制**,管好了小微风控的核心要素:客户准入、常态化自查、意识和行为的规范。

严把准入关。以市场定位、社区化和广义的"三品三表"为准入前提,采取特色风控技术。**一是科学合理的授信管理**。明确鼓励类、限制类、禁止类行业,制定差异化的准入标准,优化客户结构;加强授信集

---

[1] 三三制原则:对于老客户做到三小时放款、对于新客户三天内给予答复。

中度管理，常态开展区域、产业、行业风险分析，合理调整授信限额；建立差异化的授信决策机制，根据业务类型、风险特征和授信额度，采取不同的审查审批要求。**二是有效与制衡兼顾的信贷调查**。坚持"眼见为实"，信贷人员原则上必须到客户经营地或长期居住地进行现场调查；坚持"四眼原则"，原则上信贷业务需要双人经办、双人现场调查；坚持"面对面、背靠背"，既重视从借款人处直接获得的信息，又重视从相关方侧面了解的信息，并进行交叉验证。**三是打造强大的信贷中台**。由信贷中台统一承担客户信息审核、信贷资料审核、小额业务审查、反欺诈调查、预警监测、风险排查等职责，实现减压减负和监督制衡，防范道德风险和操作风险。

常态化自查。一是完善自查机制。建立分支机构和职能部门月报管理机制，要求各级机构、客户经理对照市场定位和商业模式，动态开展信贷业务自查，职能部门按月对制度标准流程的科学性和针对性进行自查，并由月报考核专项小组进行抽查评估问责、督促落地；常态梳理合规风险点，明确"底线、红线、高压线"，针对重点领域和薄弱环节不定期开展自查。**二是建立常态化合规风险检查机制**。业务管理部门作为第一道防线，对管辖事项承担具体检查职责，制订检查计划，开展检查评估；风险合规部门作为第二道防线，组建专职检查队伍，完善检查机制、流程和系统，推动联防联控和问责体系。**三是建立"举一反三"的问题整改机制**。审计部门作为第三道防线，加强对内控管理的监督评估，对审计发现的共性问题组织全行集中开展专项整治，固化自查关键动作、提高自查质量，通过"举一反三"，建立由点到面、标本兼治的问题整改长效机制。

规范员工的意识和行为。责任意识是小微金融的基石，贷款出问题，很大程度上是发放贷款的人出问题。如果信贷人员缺乏责任意识，必然发生道德风险和操作风险。因此，对小微金融来说，**队伍建设和企业文化是最廉价的风控**。泰隆银行始终坚持"员工第一"，加强队伍和文化建设，培养文化认同、专业胜任、尽职负责的泰隆子弟兵。**一是信任员工**。泰隆把员工视为最宝贵的财富，培养"超级客户经理"，既负责市场拓展、客户营销和信贷调查，又负责风险防控、资产保全和内部培训。加强文化宣贯引导，通过"三誉三感"①专题教育和"三个自己"②意识塑造，强化员工的主人翁精神和责任心。如客户罗某从事石雕加工销售行业近20年，在我行贷款100万元，因在行业不景气时囤货过多导致贷款逾期，经认定，主办人员严格执行我行信贷管理制度，给予其尽职免责。**二是管好员工**。狠抓行风行纪，将法律、规章、制度等"硬约束"与人性、道德、文化等"软约束"相结合，制定"三线总纲十二条""八项铁律""双十禁令"等内部公约，打造"廉洁自律"的风险文化；加强资产保全和逾期清收，常态化开展不良资产分析会和"案·鉴"教育，用身边的事教育身边的人，让员工对风险有敬畏之心，从根本上保障信贷资产质量。**三是成就员工**。高度重视企业教育，早在2010年就成立泰隆学院（现改名为泰隆培训学校），打造"三教三讲"③办学特色，实行"管理者人人为师"，强化自上而下的师徒帮带，激发"我要学"的内生动力，形成了一套人才快速培养、成长的长效机制，实现90%人才自主培养。坚持"任人唯贤"，相信年轻的力量，全行中层管理者平均年龄35

---

① 三誉三感：信誉、名誉、荣誉，认同感、责任感、使命感。

② 三个自己：把泰隆当作自己的家，把泰隆的钱当作自己的钱，把泰隆的平台当作自己的事业。

③ 三教三讲：教师、教材、教法，讲故事、讲案例、讲原理。

岁，80后、90后管理者占比超过90%。

三、共同富裕下小微金融服务的认知与探索

党的十八大以来，金融供给侧结构性改革深入推进，服务实体经济的质量和效率不断提升，中小银行积极开展战略转型，转向过去"不愿做、不能做、不敢做"但现在"不得不做"的小微金融领域，加强和深化小微金融服务。小微企业融资"增量、扩面、降价"取得明显进展，全国小微企业贷款余额从2017年末的30.74万亿元增至2021年末的50万亿元，其中，普惠型小微企业贷款[①]余额从2017年末的6.77万亿元增至2021年末的19.1万亿元，四年间增长了1.82倍，年均增幅29.60%。新发放的普惠型小微企业贷款利率从2018年的7.39%降至2021年的5.1%。总体而言，在共同富裕的背景下，小微企业融资供给更加充分，小微金融服务加快从卖方市场转向买方市场，从"企业融资难"转向"银行服务难"。过去贷款额度、利率、期限、担保方式、还款方式等基本由银行说了算，现在很大程度上由客户说了算。因此，小微金融服务必须改变过去的经验做法，下沉扩面、提质增效，加大对新兴行业、重点领域和薄弱环节支持力度。

（一）小微企业"人小志大"，需要专业的综合服务

当前的小微企业"人小志大"，新模式、新业态、新行业的小微企业层出不穷，"专业化、精细化、特色化、新颖化"的特征逐步凸显，其

[①] 普惠型小微企业贷款是指单户授信1000万元以下的小微企业贷款。

共同富裕下的小微金融服务模式创新——泰隆银行的思考与实践

金融服务需求跟大中型企业大同小异,同样是综合的、立体的、多元的。近年来在强有力的政策引导下,小微融资难问题明显缓解,小微企业尤其是优质小微企业的核心需求已从融资转到融智,需要银行提供专业的综合服务,实现"经营成功"。对此,泰隆银行从综合经营、科技金融、网点变革等方面探索解决。

综合经营。泰隆过去的做法可以提炼为简单的"1+1=2",以产品为中心,通过对规模、利差、风险的简单测算,达成经营目标。现在这样做已经行不通,必须从以产品为中心转向以客户为中心,从单一产品转向综合服务,通过"1+N+N=2"实现经营目标,改变每个产品、每笔业务、每项服务都要有利可图的固化思维。**一是盘活优化存量资源**。聚焦存量客户和社区内存量,加强客户关系管理,开展"主动授信、批量授信、实质授信、长期授信、足额授信",推动产品创新和组合应用,做好交叉销售和量价平衡,为客户提供一揽子金融服务方案。**二是建立综合积分体系**。优化积分的来源、管理和使用场景,完善客户权益体系和商户联盟体系,实现综合积分与商户消费积分、社会治理积分等的打通互换,提高客户黏度。**三是探索推进"融资+融智"服务**。拜客户为师,提炼行业领先实践,培养行业专家,开展分层分类的企业咨询;整合资源、跨界引流,为客户提供税务法律咨询、人员招聘、共享空间、产品助销等"融智"服务。

科技金融。小微企业是创业创新的生力军,金融支持科技创新责无旁贷。泰隆银行立足小微市场定位,加大对科技型、创新型小微企业金融支持。**一是探索科技金融新模式**,成立科技企业发展部,探索"小债权+小股权"的服务模式,重点扶持初创期和成长前期的科创企业,2021年新增科企客户中首贷户占30%,近两年新增科企客户中贷后成功获得股权融资的占25%。普冉股份成立于2016年，是业内领先的非易失性存储器芯片供应商。泰隆银行将其作为探索初创期、成长期科技企业投贷联动业务的重点客户，从投资角度对其财务状况和商业前景进行分析，2018年向其发放了首笔300万元信用贷款，并与该公司及其投资机构保持密切联系，做好公私联动、股债联动的综合金融服务。2021年该公司成功登陆科创板。**二是加大产品创新力度，**科创企业具有规模小、资产轻、前景难辨等特征，泰隆银行根据科创企业的发展阶段特点、金融需求和风险特征，打造了投连贷、科保贷、订单贷、知识产权质押贷款等"天使贷系列产品"。其中，累计办理知识产权质押贷款3000多笔，居全国首位。

网点变革。过去银行网点是资源，网点开到哪里，业务就办到哪里，而且客户办理存取款、贷款、结算都要去网点。随着金融科技的蓬勃发展和客户行为的深刻变化，网点变成了负担，存取款到自助机具办理，结算通过电子银行渠道办理，贷款上门移动办理，柜面业务量明显萎缩，影响到柜员队伍的收入、发展和价值实现。由于银行网点很难发挥引流、聚客、服务功能，近年来很多银行对网点进行关停撤并。但社区内各经济体、社区各类人群及社区自身"三大需求"日益增长，只要开展网点变革，将网点功能从单一的金融服务转变为多样化的综合服务，把网点打造成社区中心，就能找回银行的平台优势和网点的聚客效应，让同事找到价值、平等和信心。

从泰隆银行的认知和探索看，网点变革势在必行，是银行网点可持续发展的唯一出路，也是改变金融服务方式、提升金融服务质效的重要契机。网点变革的核心是以客户为中心，从客户的需求出发，提供银行能提供的综合服务。开展网点变革，**一是丰富网点服务功能，**立足网点

肆〇共同富裕示范区的探索
共同富裕下的小微金融服务模式创新——泰隆银行的思考与实践

所在社区"三大需求",跳出银行做银行,实现金融服务与本地生活、政务、商务等非金融服务深度融合。**二是加强服务项目管理,**基于客户核心需求,针对性引入政务服务、产品展销、教育培训、医疗健康、文化公益等服务项目,并做好项目全周期管理。**三是加强客户关系管理,**做好客户信息收集和整理,多维度进行"客户画像",了解客户的共性及个性需求,精准匹配产品和服务,提高客户黏性。

泰隆银行钱塘支行位于杭州下沙大学城,网点周边3公里内以14所大学和楼宇园区为主,常住人口平均年龄30岁,传统作业模式面临很大挑战。钱塘支行从网点变革破局,探索楼宇经济社区化模式。**首先,**重塑网点服务旅程,改变网点的空间布局和服务功能,80%的网点空间落地非金融服务,强化网点的社区服务和特色服务功能,将金融服务尽量引导到线上渠道。**其次,**对接政府及高校、企业、青年群体需求,引入"衣、食、行、娱"等服务项目,如服装定制、精品咖啡、汽车展览、韩式大头贴、共享会议室等,构建以网点为核心的社区生态圈。**最后,**改变金融服务方式,通过整合资源提供综合服务,让客户实现金融服务的价值,如为小微企业提供产品展示、品牌宣传、路演场地、人才招聘、法律咨询等综合服务。开业不到四个月,钱塘支行已举办企业路演活动13场、招聘对接会3场,56家企业共享会议室,现有客户数2900多户,有效信贷户270户。与杭州区域开业同期机构相比,成本投入基本持平,公开户数、低息存款占比、贷款归行率、人均产效等明显高于平均水平。

(二)小微金融要坚持线上线下相结合

随着移动互联网、大数据、云计算、人工智能等新一代信息技术发展,市场和客户需求发生重大变化。小微金融服务也必须加强金融科技建设，降低运营成本、提高服务效率、增强客户体验，否则市场不买账、客户不买账。为此，泰隆银行倾全行之力建设金融科技，坚持"跑街"与"跑数"相结合，实施双引擎驱动，推进线下作业的流程化标准化，推动全面系统化，不断丰富线下线上化的内涵。

一方面，提升线上服务能力。**一是移动便利化**。推广PAD金融移动服务平台，送金融服务上门，通过PAD办理一笔新增贷款只要30分钟，续贷操作仅3分钟，做到客户立等可贷，让贷款像存款一样方便。2021年累计通过PAD发放信贷业务37万笔，累计授信1339亿元，近36万名客户实现了"最多跑一次"。**二是模式模型化**。加强大数据建设，引入工商、司法、海关、税务、反欺诈等20余类外部数据，充分挖掘行内存量数据，将广义的"三品三表"等商业模式数据模型化，建立了1600余条贷前预评估规则、8大专家模型、170余条精准贷后规则。**三是数字化转型**。聘请咨询公司开展小微金融数字化管理咨询项目，制定《小微金融数字化创新和转型未来三年规划》，聚焦客群、产品、营销、风控、运营等模块，提出泰隆银行数字化转型40条落地举措，并成立敏捷型组织专项推动，提高数据能力和科技能力。

另一方面，巩固线下服务优势。坚持社区化归位，**一是获客上**，以社区化为基础精准获客，对符合定位和准入的客户"多多益善"；同时，拓展合作渠道，丰富场景类型。**二是风控上**，沉淀线下风控经验，提升自主风控能力，加强大数据、模型、策略、反欺诈建设。**三是管理上**，在贷款受理申请、审查审批、合同签订、放款支付等流程节点实现操作线上化，同时坚持属地化、相对属地化和真实性，不因贷款额度高低偏离信贷本质。从这个角度看，不仅小额贷款可以线上化，小企业贷款也可以线上化，只是线上化程度不同而已。**四是信贷文化上**，传承"戴草帽、穿雨鞋"的信贷文化，主动走近客户，为客户提供"更亲、更近、更温暖"的服务，做到"山不过来、我就过去"。

（三）农村金融、绿色金融前景广阔

民族要复兴，乡村必振兴。当前乡村振兴战略全面实施，农业、农村、农民呈现新的发展面貌，农村金融需求发生很大变化，从解决"有没有"问题转向解决"好不好"问题，主要体现在三个方面。**一是信贷需求仍很旺盛**。过去农村信贷需求主要用于购买农药、化肥等传统农业种养殖；当前农村信贷需求跟过去明显不同，主要用于新农村建设，如购买农机具、开办民宿、规模化种养殖等，以及文旅、科创、绿色等新业态。**二是财富管理需求方兴未艾**。随着农民收入水平提高、财富积累增加及农村互联网广泛应用，农民财富管理意识增强，产生了多元化的财富管理配置需求，包括理财产品、贵金属、保险产品等。**三是综合金融需求十分迫切**。过去农村金融服务相对空白，农民金融需求较为单一。当前农村金融取得长足进步，在一些经济金融发达农村，存款、贷款、结算等传统金融需求得到较好满足，对综合金融的需求十分迫切，如农民对旅游、休闲、健康、社交、文化、托育等方面的需求，农业经营主体对农产品直播带货、客流导入、经营管理能力提升等方面的需求，农村基层组织对环境整治、基层治理、乡风文明建设等方面的需求。

泰隆银行全面落实乡村振兴战略，实施"沃土计划"，立足新时代农村新需求，打造农村综合金融服务体系。**一是全面推进农村"人人可贷"**。聘任当地乡贤组建乡村振兴顾问和服务专员两支外部队伍，推广"一次授信、随借随还、循环使用"的小额信贷模式，加大对富民产业、农业供应链、农民消费、异地创业等信贷支持。截至2021年末，涉农贷

款余额占比55%，农村"人人可贷"授信户数8.5万户，覆盖3079个村。如嘉兴市南湖区凤桥镇三星村总户数1265户、耕地面积5300多亩，村民主要从事水蜜桃、葡萄、梨等水果种植及深加工，泰隆银行在该村推广"人人可贷"，目前全村建档客户889户、覆盖率70%，授信客户149户、用信余额4535多万元。**二是开展农村财富管理业务**。探索农民专享的村版理财产品，开展贵金属和保险产品代销，完善村民养老和财产保障服务，使民众分享财富增值收益。目前农村"人人可贷"社区内的理财客户1.63万人、规模36.4亿元；今年春节期间全行在农村开展贵金属展销活动36场。**三是提供综合金融服务**。实施农村产业助力计划，通过线下网点、线上直播、泰隆商城、"你是传奇"等渠道，开展农产品助销。2021年"你是传奇"项目累计为280多个客户、500多款商品提供宣传推广，实现商品曝光1000多万次。此外，泰隆银行把综合积分与农村基层治理类积分挂钩，泰隆银行湖州分行先行先试，村民可将参与垃圾分类获得的绿色积分兑换为泰隆客户权益，短短两个月时间，绿色积分兑换覆盖了17个村、2400多位村民，提高了村民建设美丽乡村的积极性。

绿色是高质量发展的"底色"。绿色发展内涵丰富，不只是山山水水、花花草草，或者大的环保工程和治污项目。凡是有利于节能减排降碳的生产生活方式都属于绿色发展，小微企业里面也有大量的绿色。"小微绿色"金融大有可为。泰隆银行积极践行"绿水青山就是金山银山"理念，锚定"双碳"目标，大力发展绿色金融。**一是加强顶层设计**。建立健全小微绿色金融制度体系，持续完善绿色信贷认定、绿色支行建设、绿色金融债管理、队伍建设、考核评价等专门制度。成立6家绿色星级支行，发展绿色星级信贷员，形成"人人讲绿色、人人做绿色"的氛围。**二是探索小微绿色信贷模式**。坚持"小微+绿色"定位，聚焦节能环保、生态环境、清洁能源等领域的小微客户，加大信贷投放。截至2021年末，全行绿色信贷余额47亿元，较去年增长187%；其中，500万元以下绿色贷款客户占比99.72%。**三是加强绿色产品创新。**持续打造绿色信贷拳头产品"长青贷"，创新推出排污权抵押贷款、碳排放权质押、商标权质押等适合绿色信贷需求特点的专属产品，扩大绿色金融覆盖面。湖州某环保热电公司主营热电联产绿色能源，是全国首批纳入碳排放配额管理的企业之一，泰隆银行向其发放200万元碳排放配额抵押贷款，将企业碳排放配额资产转化为绿色低碳发展资金，助力企业发展壮大。

在长期发展过程中，泰隆银行深刻体会到，一家企业，无论大小，只有把自己的生存和发展，与国家、民族的生存和发展紧密联系起来，才能走得更稳、走得更远。党的十八大以来，小微企业营商环境和小微金融发展环境的改善前所未有。展望未来，共同富裕下的小微金融服务大有可为。泰隆银行将紧紧围绕"国之大者"，始终秉持"义利兼顾"，做好主责主业，回归金融本质，保持战略定力，坚守小微初心，不断完善小微金融服务模式，让小微客户实现金融服务的价值，为实现共同富裕、科技创新、乡村振兴、绿色发展贡献绵薄之力。